Luisa Neubauer hat eine besondere Beziehung zu ihrer Großmutter Dagmar Reemtsma. Seit sie ein Kind ist, besprechen sie alles miteinander. Persönliches, genauso wie die großen Fragen von Geschichte, Politik und Gesellschaft. Früh fingen sie an, darüber nachzudenken, was Privilegien bedeuten, und wie man ihnen gerecht wird. Sie wurden in sehr unterschiedliche und sehr schwierige Zeiten hineingeboren, mussten früh eine eigene Haltung finden: Dagmar Reemtsma wurde in Zeiten des erstarkenden Nationalsozialismus geboren, ihr Vater kam in einem KZ ums Leben. Luisa Neubauer musste verstehen, dass das Land, in dem sie aufwächst, ihre Generation nicht vor der Klimakrise schützt. Als sie ihr Studium aufnimmt, um die ökologischen Katastrophen besser zu verstehen, stirbt ihr Vater. Doch der Ohnmacht zu erliegen, war für beide nie eine Option. Der Krieg gegen die Ukraine brach mitten in die Gespräche zu diesem Buch. Keine von beiden hätte geglaubt, je wieder Krieg in Europa erleben zu müssen. Und wieder stehen sie vor Haltungsfragen, vor Verantwortungsfragen und der Frage, was man der Ohnmacht entgegenstellt.

LUISA NEUBAUER, geboren 1996 in Hamburg, ist eine der weltweit bekanntesten Klimaaktivistinnen. Die Geographiestudentin lebt in Göttingen und Berlin. Zuletzt erschien von ihr und Alexander Repenning *Vom Ende der Klimakrise* (2019) und mit Bernd Ulrich *Noch haben wir die Wahl* (2021). Seit 2020 hostet sie den Klimapodcast 1,5 Grad.

DAGMAR REEMTSMA (geborene von Hänisch), ist Jahrgang 1933 und kämpft seit vielen Jahrzehnten für Umwelt, Frieden und globale Gerechtigkeit. Sie sprach u. a. vor den Aktionären von Adidas, um sich für bessere Bezahlungen der Näherinnen in Südostasien einzusetzen – seit den 1980er-Jahren organisiert sie Aktionen gegen Atom- und Kohlekraft und ist Teil der Umweltgruppe Elbvororte. Dagmar Reemtsma lebt in Hamburg.

LUISA NEUBAUER
DAGMAR REEMTSMA

Gegen die Ohn-macht

Meine Großmutter, die Politik und ich

TROPEN

MIX
Papier | Fördert gute Waldnutzung
FSC® C083411

CO2-Kompensation
2023 Printprodukt
FirstClimate.com

Tropen
www.tropen.de

Cover: Zero-Media.net, München
unter Verwendung zweier Fotos von © Axel Martens, Hamburg
Das Bild der Friedensdemonstration in Berlin 2022 (Tafelteil,
6. Seite unten) stammt von © picture alliance/dpa | Jörg Carstensen,
sämtliche anderen Bilder im Tafelteil stammen aus dem Privatbesitz
der Autorinnen.
Gesetzt von C.H.Beck.Media.Solutions, Nördlingen
Gedruckt und gebunden von CPI – Clausen & Bosse, Leck
ISBN 978-3-608-50198-8
E-Book ISBN 978-3-608-11940-4

Zweite Auflage, 2023

Bibliografische Information der Deutschen Nationalbibliothek
Die Deutsche Nationalbibliothek verzeichnet diese Publikation in der
Deutschen Nationalbibliografie; detaillierte bibliografische Daten
sind im Internet über http://dnb.d-nb.de abrufbar.

Inhalt

Prolog

Niemand macht einen größeren Fehler als derjenige, der gar nichts macht, weil er nicht alles machen kann.«

Der Philosoph Edmund Burke ist heute aus diversen Gründen umstritten, aber als meine Großmutter den Satz liest und beschließt, selbst was zu unternehmen, geht es ihr nicht um Edmund Burke. Es geht ihr um die Maxime dieses Satzes, die heute aktueller scheint denn je. Im Internet findet sie eine kleine Druckerei, die selbstgestaltete Postkarten druckt. Sie bestellt neunhundert Stück, alle mit dem Satz von Burke auf der Rückseite und einem Link zu einer Website, die über Öko-Stromanbieter aufklärt. Vorne auf den Karten ist ein Foto, das sie von einer Bronzestatue gemacht hat. Es zeigt einen übergewichtigen Adam, der in einen Apfel beißt. »Adam plündert sein Paradies«, heißt die Statue. Sie steht vor dem Botanischen Garten Hamburg.

Die Postkarten holt sie mit dem Fahrrad von der Druckerei in Altona ab, dann fährt sie zum Botanischen Garten. Stellt sich neben den grünlich-angelaufenen Adam aus Bronze auf den sandigen Vorplatz. Und dort bleibt sie, verteilt Postkarte um Postkarte an die Menschen auf dem Weg in den Garten.

Zu diesem Zeitpunkt ist seit über einem halben Jahr Pandemie in Deutschland und meine Großmutter macht sich Sorgen, dass Corona Aktivismus und Widerstand in der Gesellschaft zum Erliegen bringt. Ein paar Freundinnen helfen ihr mit dem Verteilen. Nach wenigen Wochen sind sie alle Karten los.

Meine Großmutter ist dreißig Jahre vor mir Aktivistin geworden, ausgelöst durch die atomare Bedrohung, angefeuert von den wachsenden ökologischen Krisen und weltweiten Ungerechtigkeiten. Lange vor mir hat sie Proteste organisiert, auf Aktionärsversammlungen gesprochen und die Politik konfrontiert. In ihrem langen Leben hat sie mit eigenen Augen verfolgt, wie der Versuch, endloses Wachstum und endlosen Wohlstand zu schaffen, in nie da gewesene ökologische Krisen mündete, und auch wie das Friedensprojekt Europa hoffnungsvoll startete und mit der Invasion in die Ukraine in Teilen scheiterte.

»Was für eine Welt hinterlasst ihr uns nur«, frage ich sie manchmal.

»Wir haben alles gegeben«, entgegnet sie. »Und ihr baut auf unsere Arbeit auf. Wie sähe die Welt sonst aus?«

Sie sagt aber auch: »Wir, die Großelterngenerationen haben durch unser Verhalten und unsere Lebensweise die Lebensverhältnisse geschaffen, auf die unsere Enkel hinwachsen. Ich sehe es als meine Pflicht, euch zu unterstützen.«

Immer wieder stellen wir fest, wie unterschiedlich unsere Perspektiven und wie ähnlich dennoch viele Erfahrungen sind. Politisch und persönlich. Auf unsere eigene

Art und Weise empören wir uns über die Ungleichheiten zwischen den Geschlechtern, die wirtschaftlichen Ausbeutungssysteme und die politische Verantwortungslosigkeit in der Klimakrise. Aus unserer Empörung haben wir beide die Energie gezogen, etwas zu verändern. Wir haben beide unsere Väter verloren. Die Umstände lassen sich nicht vergleichen, wohl aber die Antwort auf die Frage: Wie gehen wir um mit dem Verlust, mit dem Verlust im Leben und – auf einer anderen Ebene – mit dem Verlust der Lebensgrundlagen?

Und aus unserer jeweiligen Perspektive fragen wir uns, was es braucht, damit aus Empörung Handeln wird, und woher in Krisen die Zuversicht kommen kann, die wir so dringend brauchen.

Nachdem meine Großmutter die letzten Karten am Botanischen Garten verteilt hat, ruft sie mich an. Zu dem Zeitpunkt bin ich als Aktivistin jeden Tag eingespannt. »Was ist nur aus der Welt geworden?«, fragt sie.

Ich erlebe es auch, auf Veranstaltungen, Protesten und in Gesprächen. Der Glaube an eine bessere Zukunft ist immer mehr der Ohnmacht angesichts der sich überschlagenden Krisen gewichen. »Was soll denn noch kommen?«, raunt es überall.

In wenigen Generationen könnten wir eine um drei Grad heißere Welt erleben. Die Klimakrise eskaliert Tag für Tag, Krisen eruptieren drum herum. Es ist weniger die eine Katastrophe, die wir erleben. Sondern eine Aneinanderreihung an Mikro-Katastrophen, versteckt und offen, leise und laut. Eine Welt nach der anderen bricht zusammen. Wie die Versprechen einer sicheren und friedlichen Zukunft eingehalten werden sollen, steht in den Sternen. Bis heute ist auch die Frage offen, welche Worte das Fassungsvermögen entfalten können, der Wucht dieser Krisen gerecht zu werden. Wie dringt man noch durch? Und: Wie lässt sich verhindern, dass aus immer mehr Wissen über die Klimakrise mehr Macht und nicht mehr Ohnmacht erwächst? Denn sie ist es, die Ohnmacht, die zum Hauptgegner geworden ist. Das lähmende Gefühl, dass sich doch nichts mehr ausrichten lässt, dass es schon zu spät ist, dass man selbst zu klein und die Krise zu groß und zu unaufhaltsam ist.

Meine Großmutter und ich kennen nicht alle Antworten. Aber wir sehen, dass wir es anders machen müssen. Wir sehen, dass wir anfangen müssen, persönlich zu werden. Geschichten zu erzählen. Über die Ohnmacht und ihre Wurzeln. Dass wir den Wurzeln auch an Orte folgen müssen, die nicht mehr oder noch nicht viel besprochen werden. Wir wollen neue Bande spannen, über die Generationen und über die Jahrhunderte hinweg.

Wir fragen uns: Woher soll die Kraft kommen, in diesem entscheidenden Moment nicht aufzugeben? Woher die Hoffnung, dass es möglich ist, eine gerechte und nachhaltige Zukunft zu gestalten? Woher der Mut, sich dafür einzusetzen? »Wir werden neue Mythen und Geschichten brauchen, ein neues Verständnis der Wirklichkeit. (…) Neue Arten unsere kollektive Existenz zu denken«, schreibt der Autor Roy Scranton.

Es wird viele dieser Geschichten brauchen, in diesen Jahren. Geschichten aus allen nur denkbaren Blickwinkeln und Biographien heraus. Dies ist die Geschichte von einer Frau, die nach fast neunzig Lebensjahren, nach Kriegen und Krisen, loszieht, um Mut zu machen. Und mir, ihrer Enkelin, die irgendwann feststellte: Ich kann nicht alles machen, aber ich kann etwas machen.

Wir wollen zusammentragen, was uns bewegt, was uns zusammenbringt und worüber wir streiten. Wir suchen Antworten darauf, wie wir das 20. und das 21. Jahrhundert zusammenbringen können, durch uns und unsere Erfahrungen, vorwärts und rückwärts, aktivistisch und familiär. Wir fragen uns, was aus Lehren und Versprechen geworden ist, und was es braucht, damit wir die Fehler nicht wiederholen. Und über allem die Frage, wie wir das Gefühl von Ohnmacht überwinden und es in radikale, empörte Zuversicht wenden.

Wo fangen wir an? Ganz von vorne. Bei uns.

Jeden Freitag

In meinen letzten beiden Schuljahren bin ich jeden Freitag nach der Schule zu meiner Großmutter gefahren. Daran muss ich denken, als ich vor ihrem Haus stehe. Neben der Tür lehnt noch immer der Besen an der Hauswand. Wer zu Besuch kommt, fegt kurz die Treppenstufen, damit meine Großmutter nicht auf dem Laub ausrutscht.

Wenn meine Großmutter mich damals vor dem Küchenfenster stehen sah, rief sie so nachdrücklich: *Aaach, Luisaa*, als wäre sie jeden Freitag aufs Neue überrascht von meinem Besuch. Drinnen hielt sie Hausschuhe bereit, damit ich keine kalten Füße bekäme. In meiner Erinnerung schlurfte ich in viel zu großen Schlappen hinter ihr her in die Küche.

Während sie im Topf rührte, ließ ich mich auf die Küchenbank fallen und steckte die eiserne Nähmaschine auf dem Regal aus, um dort mein Handy zu laden. In der Tasche hatte ich oft kleine Zettel, auf denen stand *Indien* oder *Elbvertiefung* oder auch *80er-Jahre, hä?* Dinge, die wir im Unterricht besprochen hatten und die ich mit meiner Großmutter diskutieren wollte. Noch bevor ich richtig angekommen war, war sie schon mittendrin: *Luisa!*, sagte sie dann, *was ist nur wieder alles passiert!*

Die Tradition der Nachmittage bei meiner Großmutter reicht weit zurück. Schon als kleines Kind verbrachte ich solche Nachmittage bei ihr. Damals trafen wir uns nicht zuerst in der Küche, sondern in ihrer Holzwerkstatt, unten im Keller. Irgendwann hatte sie ihre Garage ausgebaut und statt eines Autos eine Werkbank reingestellt. Sie hatte Holz vom Baumarkt geholt und an der Wand eine lange Leiste mit Löchern angebracht, an die sie buntes Werkzeug hängte. Solange ich denken kann, sitze ich mit ihr da unten. In einem viel zu großen Hemd und mit einer kleinen Laubsäge in der Hand.

Wir sägten alles, was man sägen kann. Weihnachtsgeschenke und Serviettenringe, Holztiere zum Spielen, Schlüsselanhänger und große Holzstücke, die wir später zu Vogelhäuschen zusammensetzen würden. Meine Großmutter stand über mich gebeugt und zeigte mir, wie man die Säge richtig hält oder später, wie man die elektrische Sägemaschine bediente. Ich erinnere mich, wie ich auf ihre Hände blickte, dicht vor meinem Gesicht. Ihre Finger waren übersät mit Schnitten und Falten, darin sammelten sich winzige Sägespäne. Sie sahen nicht aus wie die Finger der Frauen aus den Elbvororten, mit geföhnten Haaren, die wir auf den Veranstaltungen trafen, zu denen sie mich mitnahm.

Meine Geschwister, Cousinen und Cousins waren auch häufig bei ihr. Mal einen Nachmittag, mal eine ganze Woche, um noch rechtzeitig etwas für unsere Eltern zu basteln. Für meinen Vater wollte mein Bruder einmal die Szene der untergehenden Titanic nachbauen, das war der Lieblingsfilm unseres Vaters. *Da stand er auf einmal vor meiner Tür, mit einem komisch verzogenen Holzbrett, das er im Keller gefunden hatte und erzählte was von Schiffbruch,* sagte meine Großmutter. Sie hatte keine Zeit, sich lange den Kopf zu zerbrechen, der Geburtstag war schon am nächsten Tag. Sie legten los – und am Tag des Geburtstags fand unser Vater auf dem Gabentisch ein großes Modell des Schiffes. Wenn man vorne an einem Faden zog, ging die Titanic langsam im Mondschein unter.

Mit den Jahren wurden unsere Bastelprobleme immer mehr zu politischen Problemen. Wir zogen vom Keller rauf in die Küche, statt darüber zu grübeln, wie der Puppenstuhl verleimt werden kann, diskutierten wir, wie Gesellschaften zusammenhalten, die Wirkung von Artenschutzabkommen oder welche Entscheidungen in der Hamburger Bürgerschaft anstanden.

Unsere Hände hatten nun seltener Farbkleckse und wirbelten durch die Luft. Alte Hände, junge Hände, Haare raufend. *Aber denk doch an* und *Stell dir doch nur mal vor.* Ein Hin und Her, von beiden Seiten des Tisches.

Die Themen, mit denen sich meine Großmutter in neunzig Lebensjahren beschäftigt hat, sind nicht mehr zu zählen. Selten habe ich sie sagen hören, dass sie von einer Sache noch nie etwas gehört hätte. Im Gegenteil. Es kam vor, dass Freunde von mir am Kaffeetisch in einem Nebensatz ihre Begeisterung für Flugzeugtechnologien erwähnten und meine Großmutter plötzlich ihre Kuchengabel fallenließ, aufblickte und eine kleinteilige Abhandlung über die wirtschaftliche Unsinnigkeit der Produktionslogistik des Airbus A380 vortrug. Oder bei anderem Anlass über die ökologische Dimension von Friedensfragen. Oder den Menschenrechten in Bangladesch, den Ungerechtigkeiten des deutschen Bildungssystems.

Wenn ich heute zu einer Talkshow gehe, ruft sie danach regelmäßig bei mir an, um zu erklären, dass sie meine Analyse der globalen Abhängigkeiten etwas unterkomplex gefunden hätte, und ich nebenbei etwas langsamer sprechen könnte. *Und Luisa, putz doch wenigstens für das Fernsehen deine Schuhe!*

Wenn ich heute gefragt werde, wo ich das Reden gelernt habe, die Art zu diskutieren, wenn ich in Talkshows oder auf Podien sitze, dann denke ich an meine Großmutter und die Freitage, an denen wir stundenlang lang die Ereignisse der Welt sezierten, an ihre unermüdliche Energie und Empörung, ihre radikale Zuversicht.

Ich drücke die Klingel.

—

Ich habe mich gerade auf die alte Küchenbank gesetzt, da legt meine Großmutter schon los. »Guck mal«, sagt sie und schiebt ein Stück bedrucktes Papier zu mir herüber. Ich war einigermaßen erschöpft zu ihr gekommen; lange Tage, kurze Nächte. Die Regierung hatte zuletzt einige Klimaversprechen aufgeweicht, die europäische Lobby der Gasindustrie war auf dem Vormarsch, in den französischen Wahlen war die Klimakrise kaum Thema gewesen. Noch schlimmer als die Rückschläge alleine war aber der öffentliche Umgang damit. Von »Rückschlägen für die Klimabewegung« wurde da gesprochen, als sei das alles mehr ein privates Problem von uns Aktivist:innen. Auf der Küchenbank schaue ich zu meiner Großmutter rüber. Sie schenkt mir Kaffee nach, etwas widerwillig, und sagt: »Trink nicht so viel davon, das ist nicht gut für dich.«

Wieder einmal frage ich mich, wie wir uns vor der Verzweiflung schützen können. Meine Großmutter hat nie aufgehört, sich einzusetzen, in all den Jahren nicht. Das heißt nicht, dass sie keine Verzweiflung kennt. Aber die Empörung in ihr ist am Ende immer stärker. Im Großen wie im Kleinen. Empört guckt sie mich auch jetzt an. »Jetzt guck mal«, sagt sie und weist auf einen Flyer vor mir. Darin geht es um die Sache mit dem Laubbläser.

Alles hatte damit angefangen, dass eine Nachbarin einen Gärtner beauftragt hatte, nachmittags regelmäßig mit einem Laubbläser ihren Garten zu bearbeiten. »Laubbläser sind ein Riesenproblem«, sagt meine Großmutter entrüstet. Sie störten die Ökosysteme und schädigten den Boden. Wenn man die Wege freihalten wolle, könne man ja harken und die Blätter im Herbst auf den Beeten verteilen, damit sie dort die Erde wärmen und vor Erosion schützen. Meine Großmutter kann nicht nachvollziehen, wie man auf die Idee kommen kann, einen Laubbläser, der so schlecht für die Umwelt ist und dabei »einen heillosen Krach macht«, einzusetzen, nur um den eigenen Vorgarten etwas aufzuhübschen. Dass ihre Nachbarin einen Laubbläser eingesetzt hatte, hielt meine Großmutter für Unbedarftheit, ja ein Versehen. Da wusste jemand einfach nicht Bescheid, was diese Maschine ökologisch anrichtet, kann ja passieren.

Jetzt, während ich diese Geschichte aufschreibe, fällt

mir erst auf, wie weit unsere Perspektiven hier auseinandergehen: Meine Großmutter geht in solchen Situationen kategorisch von gutwilligen Menschen mit einem Mangel an Informationen aus, ich hingegen sehe zuerst mangelnden Willen trotz besseren Wissens.

Meine Großmutter spazierte also die Straße hinunter. Bei der Nachbarin angekommen, folgte ein erstes, freundliches Aufklärungsgespräch am Gartenzaun. Meine Großmutter erklärte, dass der Laubbläser mit 220 Stundenkilometern Blätter und Nährstoffe wegbliese, dass Humusaufbau verhindert würde, dass der Boden so nicht mehr vor Kälte oder Trockenheit geschützt sei und außerdem würden wichtige Kleinstlebewesen getötet. Meine Großmutter ließ auch noch Grüße an den Gärtner ausrichten.

Eine Woche später hörte sie den Laubbläser wieder. Was war da los?, dachte meine Großmutter, und weil die Nachbarin nicht da war, schrieb sie einen Brief. Sie sei »einigermaßen entrüstet«, die Nachbarin wisse doch nun Bescheid. Sie könne wirklich nicht verstehen, was sie sich dabei dächte: Ökologie ginge uns alle an. Den Kleinstlebewesen und dem ausgelaugten Boden sei es schließlich egal, auf welcher Seite des Zauns er misshandelt würde. Das müsse sie einsehen. Sie steckte den Brief in den Briefkasten.

Als mir meine Großmutter von ihrem Disput mit der Nachbarin erzählt, frage ich mich, ob sie sich nicht verkämpft. Ob man die eigene Energie nicht für größere Kämpfe einsetzen müsste, z.B. einzufordern, dass Laubbläser oder andere große, fossile, ersetzbare Maschinen schlichtweg verboten würden. Laubbläser, SUVs in Innenstädten, Privatjets würden mir da etwa einfallen.

Meine Großmutter setzt sehr wohl auf die Notwendigkeit großen politischen Wandels. Aber nicht nur. »Wir haben keine Zeit mehr«, sagt sie, »darauf zu warten, dass es für alles und jeden genug Regeln gibt. Die ökologischen Krisen werden jeden Tag gefährlicher und jeden Tag schwinden unsere Chancen, das Schlimmste noch zu verhindern. Wir müssten schon heute loslegen. Mitdenken und mitmachen. Und da sind diejenigen, die mehr machen können, natürlich auch mehr gefragt.« Gerade letzteres dürfe nicht vergessen werden, das ist meiner Großmutter besonders wichtig. Privilegien spielen hier eine Rolle. Die Nachbarin hat das Privileg, einen Gärtner inklusive Laubbläser engagieren zu können. In der ökologischen Krise geht es nicht nur darum, die eigenen Privilegien zu reflektieren. Es geht auch darum, sie einzusetzen. Oder wie hier: Im Zweifel auch, auf sie zu verzichten lernen. Und zu erkennen, wann wir von Rechten und wann von Privilegien sprechen.

Und schließlich läuft es auf die Frage der Macht hinaus: Meine Großmutter und ihre Nachbarin müssten sich nicht streiten, wenn es eine politische Lösung gäbe. Wenn die Produzenten von Laubbläsern angemessene Umweltauflagen hätten oder diese Geräte komplett verboten wären. Wenn diese Dinge aber politisch nicht ausdiskutiert und gelöst werden, verlagert sich der Streit. Vom Parlament an den Gartenzaun. »Dabei müsste es doch andersherum gehen«, sagt meine Großmutter. »Die Gartenzaunthemen sollten im Parlament landen und dort ausgetragen werden.«

Wenn junge Menschen gefragt werden, wie sie ihre Zukunft sehen, sagen viele, laut einer repräsentativen Studie der University of Bath in England, dass sie Angst haben vor dem, was kommt. Dass sie sich betrogen fühlen von den Regierungen. Regierungen hätten die Macht, notwendige Regeln aufzustellen, die ökologische, gesellschaftliche und individuelle Rechte austarieren. Viel öfter aber würde die Macht dazu genutzt, um im Sinne von kleinen, mächtigen Lobbygruppen Entscheidungen zu fällen. In kaum einer Krise ist das so deutlich geworden wie in der Klimakrise. Im ökologischen Kollaps zählen nicht die besseren Argumente, sondern die Macht hinter den Argumenten. Wer hat die Macht zu zerstören, wer hat die Macht, die Zerstörung aufzuhalten?

Dass immer mehr Menschen sich in den Krisen dieser Zeit, insbesondere in der Klimakrise, in einer Ohnmacht wähnen, ist nicht die Folge vieler schlechter Nachrichten. Ohnmacht erwächst auch nicht einfach dort, wo schlechte Dinge passieren, sondern dort, wo diejenigen, die durch Macht Verantwortung haben, dieser Verantwortung nicht gerecht werden. Und diejenigen, die Verantwortung übernehmen würden, nicht die notwendige Macht haben.

Ohnmacht ist eine Machtasymmetrie, wenn man meint, einer Situation, einer bestimmten Dynamik wenig entgegensetzen zu können. Dann kommt sie: Sprachlosigkeit, Entfremdung oder emotionale Flucht. Dann wird getobt, getrauert, gestritten oder geschwiegen. Manchmal alles zusammen.

Ohnmacht sorgt dafür, dass meine Großmutter morgens nicht mehr die Zeitung aufschlagen mag, dass Familien an Weihnachten nicht mehr über das Klima reden, weil alle sonst streiten. Ohnmacht schaltet gleich: lässt kaum Nuancen zu, keine Widersprüche, keine Unebenheiten. Ohnmacht heißt: Alles ist vergebens, die Welt und ich in ihr gleichermaßen. Ohnmacht übersieht, ignoriert, leugnet die Widerstände an anderen Orten, zu anderen Zeiten, von anderen Menschen.

Und so ist Ohnmacht zuweilen auch ein Privileg. Es ist ein Privileg derjenigen, die von Krisen und Katastrophen nur so indirekt betroffen sind, dass sie es sich leisten können, in Verzweiflung oder Gleichgültigkeit zu versinken. Wer vor dem Hurrikan flieht, der Flut oder dem Brand entkommen muss, gegen den Hunger kämpft, der kann sich keine Ohnmacht leisten. Der muss funktionieren.

Um der Ohnmacht zu entkommen, gehen Menschen – wenn sie können – weite Wege. Dann wird die Energie nicht mehr genutzt, um die Krisen möglichst gut zu verstehen und ihnen etwas entgegenzusetzen. Dann wird ebendiese Energie genutzt, um möglichst effizient vor den Krisen zu fliehen. Vor den Nachrichten, in den Urlaub, in andere Themen – in Zynismus.

»Es gibt kaum eine Gruppe, die so viel Einfluss auf die Weltgeschichte hat wie die Gleichgültigen«, schreibt Rafik Schami. »Und das Bemerkenswerte daran ist, niemand spricht von ihnen. Ihre Passivität hat die radikalsten Umbrüche ermöglicht. Die Gleichgültigen nehmen alles hin, wie es kommt. Sie sind weder dafür noch dagegen. Engagement ist für sie ein rotes Tuch; mit der Zeit stumpfen sie ab.«

Ohnmacht ist ein Zustand, Gleichgültigkeit ist eine

Verlockung. Eine Verlockung, nicht hinzugucken, nicht nachzufragen. Lieber den Blickwinkel zu ändern als die eigenen Umstände. Ja, es ist einfacher, das Gefühl der Ohnmacht als Tatsache zu verstehen, als zu erkennen, dass Ohnmacht Ursprünge hat, die jederzeit veränderbar sind. Gleichgültigkeit leugnet, wie viel schon erstritten und errungen und verbessert wurde, weil Menschen sich gegen ihre Ohnmacht gewehrt haben.

Als wir mit Fridays for Future 2019 auf die Straße gingen, haben wir nicht daraufgesetzt, die Regierung mit besseren Argumenten zum Handeln zu bringen. Es ging uns darum, gesellschaftliche Macht hinter unseren Argumenten zu versammeln. Wir wollten zeigen, dass sich Machtverhältnisse verschieben lassen und dass man das Gefühl der Sprachlosigkeit überwinden kann. Wir waren kein Einzelfall. Wir reihten uns ein in die lange Geschichte sozialer Bewegungen.

Meine Großmutter lässt Gleichgültigkeit nicht gelten, weder im Großen noch im Kleinen. Wenn sie etwas sagen kann, sagt sie was, bewegt sie was. Selbst wenn es lediglich ein Gespräch mit der Nachbarin ist. Auch die hat sie noch nicht aufgegeben.

»Müssen wir vermuten«, fragt sie mich, »dass der Nachbarin die ästhetische Reinheit ihres Vorgartens wichtiger ist als der Schutz der Ökosysteme, der Arten und des gemeinsamen Bodens?« Sie hat bunt bedruckte Info-Flyer vom BUND für den Gärtner besorgt. Vielleicht muss man sich an ihn wenden.

»Natürlich könnte man entgegenhalten«, sage ich, »dass dieser Mann einfach sein Geld verdient.«

»Er könnte doch auch für's Harken bezahlt werden«, erwidert meine Großmutter.

»Was wirst du tun, wenn sie nicht aufhören?«, frage ich.

Meine Großmutter schaut aus dem Fenster, ihre Fingerspitzen trippeln auf der Tischplatte, die Augen blitzen. »Dann versuche ich es im Herbst wieder«, sagt sie, »wenn die Blätter der Birke da hinten gelb werden.«

Aufwachsen

Meine Großmutter lacht laut. »Luisa, was waren das für schöne Sommer.« Wir schauen alte Videokassetten an, von einem Sommerurlaub in Dänemark. Damals hatte meine Großmutter uns besucht, also meine Eltern – ihre Tochter und ihren Schwiegersohn – und meine Geschwister und mich.

Videokassetten zu schauen, das machen wir nicht einfach zwischendurch, nein, es ist eine nachmittagfüllende Aktivität. Der große, alte Fernseher und seine unzähligen Kabel, Bedienungen und Schalter müssen dafür umständlich angeschlossen und aktiviert werden. Wenn wir mit der ersten Kassette durch sind, gucken wir immer noch eine weitere.

Meine Großmutter filmt, solange ich denken kann. Länger, genau genommen. Bevor meine Großmutter gefilmt hat, hat ihre Mutter gefilmt. Ab 1934 begleitete sie bereits die Familie mit der Kamera, später filmte meine Großmutter die Aufnahmen ab.

Unsere beiden Kindheiten sind so in weiten Teilen auf Kassette konserviert.

Auf dem Fernseher sehen wir meine Brüder und mich am Strand: Wir graben lachend die Füße meines Vaters im

Sand ein. Es ist heiß, mein Vater hat ein Halstuch um den Kopf gewickelt. Nächste Szene: Meine Mutter zeigt meinem Bruder, wie man Lenkdrachen steigen lässt, dann schwenkt die Kamera zu mir. Ich winke meiner Großmutter hinter der Kamera zu und beiße in einen Pfirsich.

Einen anderen Nachmittag hatten wir ganz ähnliche Szenen aus der Kindheit meiner Großmutter angeschaut, sie und ihre Brüder toben im Sommer im Garten auf einer riesengroßen Holzrutsche. Die kleine Schwester schläft im Kinderwagen daneben, die Jungs haben kurzärmlige Hemden an, meine Großmutter eine lange Hose mit bunten Fransen.

Wenn man einzelne Momente unserer Kindheit nebeneinander stellt, sehen sie sich erstaunlich ähnlich, es wirkt selbstverständlich, dass wir Jahrzehnte später zusammen auf dem Sofa sitzen und diese Aufnahmen anschauen.

Dabei hätten die Zeiten, in die wir hineingeboren sind, unterschiedlicher kaum sein können.

Meine Großmutter ist als Dagmar von Hänisch geboren worden, in Ragnit an der Memel. *Dort kam ich 1933 auf die Welt, in diesem Schicksalsjahr, praktisch direkt nach der Machtergreifung von Hitler.* Jetzt sagt sie manchmal: *Was habe ich mir bloß dabei gedacht?*

Bis heute erzählt sie gern die Geschichte, wie ihre Eltern sich ausgerechnet an einer Tankstelle kennengelernt haben. Friedrich Martin Joachim von Hänisch, man nannte ihn »Jo«, und Ilse Bauermeister heirateten 1929 und zogen später von Altona nach Lüneburg. 1930 wurde dort ihr erstes Kind geboren, Dagmars großer Bruder Hans-Erich.

Im Winter 1932 wurde Jo nach Ragnit an der Memel versetzt (ein Kaff!), wo er die Leitung einer Sperrholzfabrik übernehmen sollte. Meine Mutter ist dann, mit mir hochschwanger, von Lüneburg dorthin nachgezogen. Ostpreußen – das war für sie so, als ob man heute sagen würde, du musst nach Sibirien. Oder in die Walachei! Es schien sehr weit weg und gruselig kalt. Ohne Umschweife schiebt meine Großmutter mit einem Seufzer hinterher: *Da haben wir eine wunderbare Kindheit gehabt.*

Drei Jahre nach der Geburt von Dagmar von Hänisch zieht die Familie von Ragnit in die nahe Kreisstadt Tilsit. Später suche ich den Ort vergeblich auf der Karte. Tilsit heißt seit 1946 »Sowetsk« und liegt in der russischen Oblast Kaliningrad, an der Grenze zu Litauen. Für meine Großmutter, die 1944 von dort geflüchtet ist, bleibt ihre Kindheit immer die Kindheit in Tilsit.

Wenn sie von ihrer Kindheit in Tilsit spricht, dann spricht sie nicht von einer bestimmten Zeitspanne, sie sagt nie: *Das waren sieben schöne Jahre.* Sie erzählt von dieser Kindheit als einer abgeschlossenen Entität, einer Insel, losgelöst von Zeit und Raum. Vielleicht liegt das auch daran, dass mit dem Ende ihrer Kindheit auch die Orte der Kindheit für sie verloren waren. Sie konnte im Laufe ihres Lebens nicht mehr zurückkehren in das Tilsit, das sie kannte. Ihr Elternhaus gibt es zwar noch, aber die Welt drumherum ist eine andere.

Wir lebten ja damals in Ostpreußen, in Tilsit, bis ich elf war, so beginnt jede ihrer Geschichten von damals. Dabei baut sie »Ostpreußen« so selbstverständlich in Sätze ein wie Frankreich oder Italien. Als ich klein war, dachte ich, Ostpreußen müsse so etwas Ähnliches wie Brandenburg sein, weit im Osten, aber nah genug, dass man noch mit dem Zug hinfahren konnte. Von den Zugfahrten erzählte meine Großmutter nämlich auch und, dass man zu der Zeit praktisch jede erdenkliche Distanz mit dem Zug gefahren war.

Meine Großmutter liest die Beschriftungen der Videokassetten vor, *Tilsit Sommer 36*, *Weihnachten 39*. Als wir das letzte Mal Kassetten aus ihrer Kindheit anschauten, bemerkte sie davor: »Es fällt mir nicht leicht, in diesen schweren Zeiten von meiner Kindheit zu schwärmen.«

Was sie über die Erinnerung an ihre Kindheit sagt, könnte ich genauso gut über meine sagen. Auf den ersten Blick sieht es so sehr nach einer heilen Welt aus, dass es fast etwas Unwirkliches hat, sich daran zu erinnern.

Im Jahr 1996, als ich geboren wurde, war der sogenannte Eiserne Vorhang gefallen, Deutschland war wiedervereinigt, und auch global näherten sich Ost und West einander an. 63 Jahre nach der Geburt meiner Großmutter war die Welt kaum wiederzuerkennen. Russland wurde Mitglied im Europarat, Atombombentests wurden endgültig verboten, das »Ende der Geschichte« war beschrieben, vorbei schienen die großen Systemkämpfe. 1996 erreichte das Internet mehr als zehn Millionen User, in Großbritannien wurde mit »Dolly« das erste geklonte Schaf geboren und ein Supercomputer mit dem sinnlichen Namen »Deep Blue« besiegt erstmals einen Schachweltmeister. Aufbruchsstimmung. Nichts schien unmöglich.

Es war auch die Zeit, in der man begann, fast euphorisch die Besserung der Welt zu quantifizieren: Die Zahl der Menschen, die unter extremem Hunger und extremer Armut litten, schrumpfte auf historische Tiefs (die Getreidepreise waren 1996 spektakulär niedrig), weltweit gingen immer mehr Kinder in die Schule, Frauenrechte gewannen an Bedeutung, fast alle ehemaligen Kolonien waren mittlerweile formal unabhängig.

Und – wie könnte es anders sein – ein Jahr vor meiner Geburt wurde die erste Weltklimakonferenz in Berlin veranstaltet. Die damalige Umweltministerin Angela Merkel glänzte. Es wurde verkündet, dass der deutsche Wald doch nicht sterben musste, wie in den 80ern befürchtet, man hatte offenbar rechtzeitig eingelenkt. Hurra hurra.

Bei uns zu Hause sah es ähnlich aus: Mein Vater hatte meine Mutter geheiratet, die zwei Kinder mit in die Ehe brachte. Da meine Geschwister bis zu meiner Geburt bereits all das angestellt hatten, was man bei einer Patchworkfamilie mit zwei Vätern so erwarten würde, gingen meine Eltern davon aus, mit mir keine großen Überraschungen zu erleben.

Angeblich habe ich die ersten sechs Monate nach meiner Geburt fast ausschließlich in einem kleinen Zimmer mit Balkon verbracht, wo ich phänomenal lange Stunden in der Sonne lag und schlief. Ich vermute, dass mein unterdurchschnittliches Schlafbedürfnis heute maßgeblich darauf zurückzuführen ist, dass ich die 90er fast vollständig verschlafen habe. Ich bekam entsprechend wenig davon mit, wie meine Geschwister – im Jahr meiner Geburt

3, 11 und 14 – und meine Eltern versuchten, ein Leben zu sechst zu organisieren.

Auch meine Großmutter wuchs in einem großen Haushalt auf, sie war das dritte von fünf Kindern.

Wir hatten ja alles, dort in Tilsit. Mit vier Jahren schon bekam ich mein erstes Zweirad. Das hatte hauchdünne Hartgummireifen, keine Handbremse und keinen Rücktritt, heute wäre das undenkbar. Auf einem großen Fahrradfest fuhr ich damit den größeren Jungens auf ihren Rollern davon, hach, hatte ich einen Spaß dabei. Beim Haus gab es einen leicht abschüssigen, breiten Weg hinunter zum Teich, rechts und links Büsche, da durften wir so oft und so lange wir wollten auf den Fahrrädern rauf und runter sausen und allerlei Kunststücke üben.

Bald waren wir so weit, dass wir an sonnigen Tagen mit unserer Mutter (die kleinste Schwester im Körbchen am Lenker) zu einem großen Freibad fahren konnten, das war ein früheres Militärbad, nun war es für alle offen, es gab auch ein Nichtschwimmerbecken. Wir hatten für mich selbstgemachte Schwimmflügel dabei, die waren aus zwei Kissen aus festem Nesselstoff gemacht, verbunden mit einem Gurt. Die Kissen haben wir nass gemacht und eine Ecke zum Aufpusten etwas eingedrückt. Der nasse Stoff ließ keine Luft heraus. Dann legte ich mich auf den Gurt und die beiden Luftkissen rechts und links hielten mich über Wasser. Schwimmflügel ganz ohne Plastik! Damit übte und übte ich, alles was mein älterer Bruder lernte und konnte, wollte ich ihm unbedingt nachmachen.

Meine Großmutter zeigt mir ein Foto, schwarz-weiß,

man sieht sie auf Schlittschuhen auf einem zugefrorenen See. Sie streckt ein Bein gerade nach hinten raus, Schwalbe nannte man diese Figur.

Während des langen, kalten ostpreußischen Winters verbrachten wir endlose Tage beim Schlittschuhlaufen auf dem großen Mühlenteich, ganz in der Nähe vom Haus. Mich packte der Ehrgeiz, es meinem großen Bruder nachzutun. Schließlich wurden mir auf mein Drängen hin Kufen unter meine Stiefel geschraubt, die aber eigentlich viel zu groß waren. Sie ragten dann vorne unter meinen Stiefeln hervor.

»Ich war sehr lebhaft, auch in der Schule«, sagt sie, und lacht dabei genau so, wie ich mir das junge Mädchen Dagmar vorstelle. *In der Grundschule hatten wir so kleine Stühlchen und Tische, und ich saß am Gang. Wenn eine Frage kam, und ich drankommen wollte, weil ich die Antwort schon wusste, bin ich einfach aufgestanden, das Stühlchen fiel um, und bin den Gang ganz nach vorne zum Lehrertisch gelaufen: »Ich weiß es doch schon!«*

Später gab es ein Zeugnis, das hat mich ein bisschen beklommen gemacht. Da stand drin: »Doch manchmal geht ihr Temperament mit ihr durch«.

Mit diesem »doch« wusste ich nicht richtig was anzufangen, das gefiel mir nicht so gut. Dann sagte meine Mutter: »Ach, dann geh mal zu Vati damit«, und ich ging etwas verunsichert zu ihm und zeigte ihm diese Seite im Zeugnisheft. Mein Vater war im Prinzip ein eher ernster Mensch, aber er hat dann so schallend gelacht, dass ich ganz überrascht war. Und erleichtert! Wieso lacht Vati denn plötzlich aus vollem

Herzen? Dann gab er mir das Zeugnis zurück und sagte: »Ist schon in Ordnung so.«

In meinem Zeugnis stand siebzig Jahre später nichts über mein Temperament. Meine Eltern betrieben am Hamburger Stadtrand ein kleines Alten- und Pflegeheim, das sie einige Jahre zuvor gegründet hatten. Wie man auf die Idee kommt, als frisch verheiratetes Paar in den 90ern – sie Krankenschwester, er Soziologe – mit planmäßig vier Kindern ein Altenheim zu eröffnen, erschließt sich mir bis heute nicht, aber da war es nun, das Pflegehaus Sonnenhof. Vier Kinder zu Hause, zehn Bewohner:innen, zehn Mitarbeiter:innen und weit und breit keine schulische Ganztagsbetreuung in Sicht. Es muss die Hölle gewesen sein.

Wenn ich im *Heim* zu Besuch war und meiner Mutter half, den Tisch zu decken, oder einer Bewohnerin die Haare kämmte, dann schenkte man mir manchmal eine Mark. Auch als es schon längst Euro gab, gaben mir die Bewohner:innen noch D-Mark. Ich war zu jung, um gerührt zu sein, heute wäre ich es.

Reiht man einzelne Szenen meiner Kindheit aneinander, scheint es, als würden die Versprechen einer besseren Welt Wirklichkeit werden. Was diese Bilder sagen: Zumindest in den Gewinnergesellschaften der Postmoderne müssen Kinder keine Angst mehr vor der Zukunft haben.

Meine Mutter schmierte jahrzehntelang je zwei Scheiben Schwarzbrot für die Schule, dazu Äpfel, geschnitten, nie geschält, wir saßen daneben auf der Küchenbank. Vor uns Cini Minis mit Haferflocken und eine große Tasse viel zu heißer Früchtetee. An Wochenenden wurde uns die Augsburger Puppenkiste auf Videokasette gezeigt. In der Adventszeit buken wir Pfefferkuchenhäuschen, im Sommer ging es im alten Chrysler meines Vaters zwei Wochen nach Dänemark. Samstags guckten wir *Wetten, dass..?!*, ich durfte bis zur zweiten Wette wachbleiben.

Das Wort privilegiert kannte ich damals noch nicht, aber natürlich war ich es, in vielerlei Hinsicht.

In Blankenese, wo ich zur Schule ging, erlebte ich später noch ganz andere Dimensionen an Privilegien. Ich erinnere mich an Besuche bei Klassenkameradinnen, deren Häuser man von der Pforte aus nicht sehen konnte, so lang waren die Auffahrten. Zum Abitur würden sie ein Auto geschenkt bekommen.

Was auf den vielen Videokassetten aus unseren Kindheiten nicht zu sehen ist, ist die Politik. Bei meiner Großmutter liegt es wohl daran, dass die Politik so gewaltig und gewaltsam war, in jeden Lebensbereich eingriff, alles mitbestimmte, dass man sie verschwieg. Bei mir war es genau umgekehrt. In den frühen Jahren schien sie praktisch keine Rolle zu spielen.

Politik war nicht abwesend, sie war auf paradoxe Weise unpolitisch. Ich erinnere mich an Wahlpartys in unserem Wohnzimmer, Bier und Weißwein für die Erwachsenen, und wir Kinder mit Fantaflaschen. Im Fernsehen jubelte vier Wahlen hintereinander Dr. Angela Merkel. (Also sie jubelte natürlich nicht sehr, sie lächelte, die Christdemokraten rechts und links um sie herum jubelten.) Ich bin mir recht sicher, dass bei uns keiner im Wohnzimmer die CDU gewählt hatte. Aber das fiel nicht auf. Man schien im Reinen mit dem Ergebnis. Ich kannte meinen Vater, wie er nach HSV-Spielen weinte (und als HSV-Fan hat man einiges zu beweinen). Die Wahl schien in meiner Wahrnehmung die Erwachsenen nicht groß zu bewegen.

Merkel war für niemanden die Wunschkandidatin, aber zumindest wusste man, woran man war. Oder glaubte, es zu wissen. Auch darauf bauten die drei großen Versprechen meiner Kindheit auf: 1. Ihr werdet es mal besser haben, ja, wirklich, noch (!) besser. 2. Es wird in Europa keinen großen Krieg mehr geben. Und 3. Merkel macht schon. Alles klar. Mein erster Eindruck von Politik war der: Sie ist ganz schön weit weg und sie ist nicht so wichtig wie der HSV.

Im Zusammenhang mit ihrer Kindheit erwähnt meine Großmutter die politischen Ereignisse selten. Nie erzählt sie etwa, dass in Tilsit, nur ein Jahr nach ihrer Geburt, ein NSDAP-Kandidat zum Bürgermeister gewählt wurde. Ich frage sie danach, wann die Politik in ihr Leben, in ihre bewusste Wahrnehmung getreten ist. »Das weiß ich genau, am 9. November 1938, zur sogenannten Reichspogromnacht«, sagt sie. Da war meine Großmutter gerade fünf Jahre alt.

Mein Vater war schon zu Hause und saß lesend in seinem Sessel. Zufällig hielt ich mich auch im Wohnzimmer auf, als mein älterer Bruder aufgeregt hereingestürmt kam und schrie: »Die Synagoge brennt!« Ich spüre das Entsetzen meines Vaters noch heute physisch, als er vor sich hinsprach: »Nun wird es wirklich schlimm.«

Mein Vater hatte mit dem Gauleiter Erich Koch große Schwierigkeiten. Der war schon in den ersten Jahren bei vielen als besonders schlimmer Gauleiter bekannt.

Vom Krieg habe ich fast nichts mitbekommen, wir blieben weitestgehend verschont. 1944 war Krieg, wenn Ostwind war. Dann trug der Wind das Rauschen der Front zu uns rüber.

Im Juni 1944 hat mein Vater uns dann in den Westen geschickt, das ging, weil wir Ferien hatten, sodass es nicht nach einer Flucht aussah. Wir fuhren nicht zusammen, die Mutter mit den Jüngsten schickte man alleine zum Bahnhof. Meine kleine Schwester wurde in meinen Puppenwagen gelegt, über die lange Kopfsteinpflasterstraße bis zum Bahnhof. Ich selbst fuhr später nach. In Lüneburg sollten wir alle wieder zusammenkommen.

Wir trinken Kaffee und blicken vom Wohnzimmer hinaus, durch die Fensterscheiben in den Garten, die Frühblüher sind schon verblüht, der Wind weht über das wilde Gras zwischen den Beeten.

Auf dem alten Fernseher meiner Großmutter sieht man wieder einen Kindergeburtstag, diesmal in Schwarz-Weiß. Im Garten vor dem Haus in Tilsit werden Kinder angefeuert, während sie probieren, beim Laufen Kartoffeln auf Esslöffeln zu balancieren. Eierlaufen im Sommer 1939.

Die Eltern meiner Großmutter zeigten ihr eine Welt, in der man sich wehren kann, zumindest in Teilen. Ihr Vater lehnte sich gegen den Nationalsozialismus auf, ihre Mutter wehrte sich gegen die politische Dunkelheit und ermöglichte ihrer Tochter eine geborgene Kindheit.

Meine Eltern zeigten mir siebzig Jahre später eine Welt, in der wir uns nicht mehr wehren mussten, denn man war auf dem richtigen Weg, oder zumindest etwas, was dem sehr nahe kam. Das System musste nicht mehr gewandelt, es musste nur noch verbessert werden. Und sie zeigten mir auch, wie das aussehen kann.

Meine Mutter hatte aus ihrer Kindheit eine äußerst hilfreiche Erfahrung mitgenommen, und zwar dass die Dinge nicht in Stein gemeißelt sind, auch wenn sie sich alle Mühe geben, so auszusehen.

Wer privilegiert aufwächst, lernt die Flexibilität der Welt vor allem dadurch kennen, dass Regeln nicht für diejenigen gelten, die es sich leisten können. Ausnahmen werden gemacht. Zum Beispiel, weil man sich kennt – *normalerweise geht das ja nicht, aber für Sie, natürlich können Sie die Kinder für den Skiurlaub drei Tage aus der Schule nehmen, aber sicher findet der Herr Doktor noch Zeit in seiner Mittagspause, das Falschparken habe ich jetzt aber nicht gesehen.*

Kurz nach meiner Einschulung entschloss sie sich, in einer Welt der Halbtagsschulen, einen Nachmittags-Hort an meiner Grundschule ins Leben zu rufen, damit Mütter, wie sie, nachmittags den Rücken frei hatten und zum Beispiel arbeiten gehen konnten. Den Hort gibt es bis heute.

Zwei Jahre später organisierte sie zusammen mit anderen Eltern Großproteste gegen eine geplante Schulreform, die vorsah, meine und Dutzende weitere Hamburger Grundschulen zu schließen. Ich war acht, als ich mit Hunderten Grundschulkindern und Eltern die Hauptverkehrsachse in Hamburg blockierte. Es wurden Banner von Brücken gehangen, Pressekonferenzen in der Aula abgehalten, Briefe geschrieben, die Presse kam, eine Woche später war klar: Die Schulschließungen kommen nicht. Nichts ist in Stein gemeißelt.

Meine Mutter hätte private Lösungen finden können. Stattdessen aber kollektivierte sie, was ihr an Problemen und Lösungen begegnete. Sie hat sich nie als Aktivistin bezeichnet, für sie gab es ein Problem und das war zu lösen. Da muss man nicht so ein großes Brimborium drum machen, sagte sie.

Viele Jahre später würde ich aus dieser Einstellung heraus den ersten Fridays-for-Future-Protest in Berlin organisieren. Es gab da ein Problem, das war die Kohlekraft in Deutschland, und das würde sich doch lösen lassen, und zwar durch den Kohleausstieg, also los geht's. Muss man nicht so ein Brimborium drum machen.

Meine Mutter würde später sagen, dass sie sich zwar eingebracht hat, aber meistens reagiert hat und nicht agiert. Man hatte, mit Kindern, mit Haus und Hof, wie meine Eltern sagten, auch viel zu tun, da war man froh, wenn man den Tag rumgekriegt hatte. Sie, und früher auch ich, wir nahmen die Probleme dieser Zeit nicht als Fehler im System wahr, sondern als Ausrutscher einer sich stetig verbessernden Welt.

Das passte in die Zeit, denn im Grunde ist das ein Grundsatz der Politik Merkels; die Probleme werden dann als Probleme anerkannt und akzeptiert, wenn es für sie eine Lösung gibt. Im Zweifel ist es auch das, was einen Teil des Konservatismus ausmacht: die Abwesenheit von

Risikobereitschaft. Was in gewissen Umständen ein großer Vorteil sein kann. Aber eben nicht immer. Ein Problem ist dann interessant, wenn es eine Lösung gibt. Und zwar eine gute, deren Umsetzung einen mit hoher Sicherheit auf der Gewinnerseite zurücklässt.

Für den größten Teil meiner Kindheit und Jugend waren Umwelt- und Klimafragen höchstens interessant, niemals existenziell. Es waren Themen, denen man begegnete, indem man sich informierte. Und gerade die Informiertheit, eine Art Umweltbewusstsein, das daraus erwuchs, nährte die Illusion, dass damit der eigene Beitrag schon geleistet war. Später fand ich heraus, dass dies eine wissenschaftlich belegte Tendenz ist: Menschen, die mehr über die Klimaprobleme wissen, tendieren dazu, weniger bereitwillig etwas dagegen zu unternehmen.

Es ist 2008, und Fotos gehen um die Welt: Merkel in dicker, roter Winterjacke, lächelnd vor einem dekorativ schmelzenden Eisberg in der Arktis. Während Eltern Schwarzbrote schmieren, werden jedes Jahr mehr Emissionen ausgestoßen, während Kinder für ihre Zukunft lernen, werden die Warnungen der Wissenschaft lauter.

Es dauerte Jahre, bis ich begann, von den Dissonanzen zu sprechen, die sich vor mir auftaten, je mehr ich in der Schule über die Welt und ihre Ungerechtigkeiten erfuhr. Dissonanzen, das war auch so ein Wort, das ich nicht kannte und nur ungelenk umschreiben konnte. Je besser ich die Welt kennenlernte, desto mehr Risse bekam die Erzählung einer Welt auf dem verlässlichen Weg der Besserung. Was, wenn nicht einfach alles gut wird? So schlich sich die Wirklichkeit doch in das Leben ein.

In der Welt meiner Großmutter schlich die Wirklichkeit nicht, sie brach herein.

1943, Jahre nachdem die Synagoge angezündet wurde, ergab sich mit meiner Mutter ein kurzes, für mich sehr prägendes Gespräch. Wir kamen vom Einkaufen und ich trug zwei ziemlich schwere Milchkannen. Vor dem Überqueren einer Straße mussten wir einen Moment warten. Da sagte ich plötzlich, ohne einen besonderen Anlass: »Ich bin so stolz, eine Deutsche zu sein.« Der Schreck meiner Mutter fuhr wie ein Blitz in mich hinein. Sie sah auf mich herab und sagte: »Was sagst denn du da für einen Blödsinn? Wenn wir jetzt in London an einer Straße ständen, wärst du eine Engländerin. Man kann nicht stolz darauf sein, wo man zufällig hineingeboren worden ist.« Ich vermute, dass ich zu der Zeit zehn Jahre alt gewesen bin, und ich als Jungmädel beim BDM von diesem Stolz gehört hatte.

Ah ja, meine Großmutter war auch beim Bund Deutscher Mädchen?

»Ja, das war Pflicht ab 1936, das ging auf Baldur von Schirach zurück, ein echter Kriegsverbrecher. Die regelmäßigen Treffen, zu denen wir zu erscheinen hatten, fand ich erstmal spannend und sinnvoll. Es ging um das Herstellen von einfachem Spielzeug für arme Kinder. Ich konnte damals schon mit einer elektrischen Laubsäge (heute Dekupiersäge genannt) zurechtkommen. Mein großer Bruder hatte in einem kleinen Gästezimmer eine Holzwerkstatt eingerichtet bekommen. Erstaunlicherweise durfte ich mich dort schon bald ohne Aufsicht allein beschäftigen.«

Als meine Großmutter mir das erzählt, denke ich daran, dass ich so alt bin wie sie damals, und wir jetzt zusammen in ihrer Holzwerkstatt stehen. In meiner Hand halte auch ich eine kleine Säge. Und ich denke auch, wie schnell man springt, vom Politischen zum Privaten: Von Hitlers Jugendorganisation BDM zum Basteltisch in nur drei Sätzen, absurd. Ich frage mehrmals nach, warum war sie bei dieser Organisation, ihr Vater war doch so regimekritisch? Aber nicht so sehr, dass er sich gegen den BDM wehrte? Was war denn mit dem Rest der Familie? Als ich nachfrage, erfahre ich, dass ihr Vater 1937 selbst in die NSDAP eingetreten war. In der Biographie des älteren Bruders meiner Großmutter steht, dass er »wohl oder übel« eingetreten war, weil er sich Schutz erhoffte. Haben das nicht die meisten später von sich behauptet? In Anbetracht dessen, was ihrem Vater später widerfahren würde, erscheint das glaubwürdig.

Wir schalten den Fernseher aus. Was mich aus heutiger Sicht überrascht: wie abwesend die Katastrophen in diesen frühen Aufnahmen sind.

Ich habe lange nicht verstanden, warum es ihr so wichtig ist, noch den letzten Hügel hinter irgendeinem Wäldchen zu beschreiben. *Luisa,* ruft sie, als wir über ihre Kindheit schreiben, *hast du dir das notiert? Das Haff! Die Kähne mit den wunderschönen Wimpeln an den Masten! Wenn da Gewitter aufzogen, was waren das für Szenen!* Als würde meine Großmutter mit ihren Worten ihre

Kindheit ein bisschen zum Leben erwecken wollen. Später habe ich gelesen, was Gräfin Marion Dönhoff, deren Familie ebenfalls lange in Ostpreußen gelebt hatte und von dort geflohen ist, über das Land schrieb. Und über die Trauer, keinen Ort der Rückkehr zu haben. Meiner Großmutter spendeten diese Texte Trost.

Auf den Straßen im ehemaligen Tilsit spielen auch heute Kinder, aber das Tilsit meiner Großmutter ist ein anderes.

Die Welten, in die wir beide hineingeboren wurden, der Zweite Weltkrieg und die Klimakrise, lassen sich nicht vergleichen – alleine schon durch den Holocaust, das singuläre Menschheitsverbrechen. Aber es fällt auf, welch enormer Aufwand betrieben wurde, um die Wirklichkeiten von uns fern zu halten.

Wir gucken eine nächste Szene der Videokassette: Ein Mädchen radelt mit wehenden Haaren davon, als sie genug Schwung hat, streckt sie die Beine rechts und links in die Luft. Selbst von hinten sieht man sie förmlich lachen. Hätte meine Großmutter nicht irgendwann angefangen, die Videos mit Farbe aufzunehmen – ich hätte nicht gewusst, wen von uns beiden wir vor uns auf dem Fahrrad sehen.

Erinnern

Zum achtzigsten Geburtstag meiner Großmutter reisten wir mit der Familie nach Danzig in Polen. Es war ihr Wunsch, dass ihre Kinder und Enkel den Ort sehen, an dem ihr Vater ermordet wurde. Meine Großmutter weiß, wer ihren Vater umgebracht hat. Nicht genau, wer, aber welches System. Es war der Nationalsozialismus. Ohnmächtig ist sie nicht direkt wegen des Mordes, sondern wegen der Zweifel. Was schulde ich meinem Vater, fragt sie sich immer und immer wieder, seit über fünfzig Jahren.

Es war kalt an diesem Märztag, als wir über die langen Wege gingen, vorbei an den Sperranlagen. Die Baracken in Stutthof, die Mauerreste, das hölzerne Eingangstor unter dem Wachturm. Die Gaskammer. Ich war 16 und hatte noch nie zuvor ein Konzentrationslager gesehen.

Durch die tiefhängenden Wolken fielen ein paar Sonnenstrahlen. Auch in der Hölle, dachte ich, scheint also die Sonne.

Vor diesem Besuch in Stutthof hatte ich keinen persönlichen Bezug zur Geschichte meines Urgroßvaters. Ich fühlte mich auf gewisse Art nicht angesprochen. Ein Mann, über den ich niemanden sprechen hörte, außer meine Großmutter. Und die sagte, ihm sei nach der Verhaftung Schreckliches widerfahren.

Für mich, damals, als 16-Jährige, war das ein Problem von und für Menschen aus dem 20. Jahrhundert. Unsere, also die Aufgabe der Urenkel-Generation war es, so dachte ich, zu lernen, was passiert ist, und warum, und zu den richtigen Anlässen zu sagen »Nie wieder«. Ich hatte keine jüdischen Freunde, deren Verbundenheiten zum Holocaust ich hätte erleben können, und überhaupt kannte ich niemanden in meinem Alter, der einen Gegenwartsbezug zu den Verbrechen des Nationalsozialismus herstellte. Was uns vorgesetzt wurde, war eine Schublade, darin lag vorgefertigt die sogenannte Erinnerungskultur. Diese Schublade war zu, wir konnten sie eigentlich nur abnicken.

»Es gibt in Deutschland keine Familie, an der der Krieg und die NS-Zeit spurlos vorbeigegangen ist«, schreibt Sabine Bode in *Kriegsenkel*.

Retrospektiv war das Reden von einer solchen »Schublade« natürlich eine Illusion und auch der Versuch, sich dadurch von der Geschichte Deutschlands im Nationalsozialismus unangesprochen fühlen zu können. Wer meint, die Vergangenheit, ihre Schuld und Verantwortungsfragen wegschließen zu können, lässt zu, dass den Lehren und der Reflexion der Raum genommen wird, dass sich Muster fortsetzen, unaufhaltsam, manchmal verdeckt, manchmal offen. Das erfuhren wir aber nicht.

Während meine Freund:innen und ich zu Schulzeiten nicht die leiseste Verantwortung spürten, uns über den Stundenplan hinaus mit dem Nationalsozialismus zu beschäftigen, riefen wir uns Sprüche auf dem Schulhof zu, von denen ich erst Jahre später lernte, dass sie im Kern antisemitisch waren.

Achthundert Kilometer östlich von Hamburg, vor dem Krematorium in Stutthof, öffnete sich diese Schublade. Ich beobachtete meine Großmutter, die Luft kalt und grau.

Nachdem ihr Vater Jo die Flucht seiner Frau und der fünf Kinder organisiert hatte, blieb er allein in Ostpreußen zurück.

Im Oktober 1944 holte ihn die Gestapo aus der Fabrik ab. In Königsberg, bei einem Abendessen mit Freunden, hatte Jo sich über die Situation empört, so wurde es später rekonstruiert. Der Gauleiter Erich Koch hatte jegliche Fluchtversuche verboten. Kurz darauf zeigte eine Frau aus der Runde ihn an. Aus der Fabrik wurde er direkt in Untersuchungshaft gebracht, einige Wochen später weiter ins Konzentrationslager Stutthof.

Etwa ein halbes Jahr nachdem Jo das KZ das erste Mal betritt, endet der Krieg. Deutschland kapituliert bedingungslos, am 9. Mai erreichen sowjetische Soldaten das Lager und befreien die Überlebenden. Joachim von Hänisch ist nicht dabei. Er wurde vermutlich am 12. Dezember 1944 im Konzentrationslager ermordet, offiziell starb er an einer Lungenentzündung.

»Es ist mir mit der Zeit schmerzhaft klar geworden«, sagt meine Großmutter, »dass der Tod meines Vaters im Alter von 46 Jahren fast in Vergessenheit geraten war.«

Wir waren mit ihr hierhergereist, um zusammen nach Antworten zu suchen. Um zu verstehen, was dieser Ort und seine Geschichte für uns bedeuten würde, und für meine Großmutter. Außer meiner Großmutter lebt niemand mehr, der ihren Vater noch kennt. Das Erinnerte aus anderen Perspektiven zu hören, ist nicht möglich.

»Mein Vater hatte schon vor 1933 *Mein Kampf* gelesen, er soll bei der Geburt meines Bruders 1930 gesagt haben: Der Junge wird in eine schlimme Zeit hineingeraten, es wird bald einen Krieg geben.«

Jo von Hänisch musste einen Weg finden, wie er die Nazis auf Distanz hielt. »Das war eine gefährliche Gratwanderung. Er war entsetzt über den verlogenen Kriegsanfang. Mit einem adeligen Namen war man, besonders in Ostpreußen, sehr gefährdet, umso mehr nach dem Attentat auf Hitler am 20. Juli. Und er wurde ohnehin schon beobachtet.«

»Warum?«, frage ich meine Großmutter.

»Na weil er gegenanredete! Weil er sagte, was für ein Wahnsinn das alles ist!«

In den Erzählungen meiner Großmutter war Jo von Hänisch ein ernster Mann, gutmütig und zuverlässig. Er habe nie mit ihnen Kinderspiele gespielt, sondern daneben gesessen und sehr konzentriert gelesen.

Aus der Untersuchungshaft schrieb Jo an seine Frau: »Schick bitte einen warmen Pulli und w. Strümpfe und ein Stück Seife. Cigaretten nicht. Rauchen ist verboten, u. das eine Gute muß die Sache doch haben, daß ich davon wegkomme!«

Etwa 110 000 Menschen wurden im Verlauf des Krieges im KZ Stutthof inhaftiert, etwa 65 000 von ihnen starben dort. Zum Ende des Krieges kamen viele Menschen dazu, etwa aus Auschwitz und dem Baltikum, vor allem Jüdinnen und Juden aus anderen Lagern, bei denen die Befreiung durch die Rote Armee absehbar war. 1944 waren siebzig Prozent der Gefangenen in Stutthof Jüdinnen und Juden. Es wurde erschossen, vergast und durch Schwerstarbeit getötet, man ließ Insassen systematisch verhungern und erfrieren, im Januar 1945 schickte man über 10 000 Menschen auf einen Todesmarsch Richtung Küste. Man ließ sie durch Schnee und Kälte laufen, wer nicht mehr konnte, wurde erschossen. Am Ende des Marsches folgte ein Massaker, schlussendlich überlebten sage und schreibe 15 Menschen. »Immerhin weiß ich, dass unser Vater nicht viel länger als einen Monat diese Todesqualen erleiden musste«, sagt meine Großmutter.

»Nach dem Tod, kurz vor Weihnachten wurde meine Mutter in die Behörde gerufen«, erzählt meine Großmutter. »Mein Bruder war 14 Jahre alt und begleitete sie. Und dann hat man meiner Mutter diese Urkunde gegeben. ›Ihr Mann ist an einer Lungenentzündung gestorben‹. Meine Mutter erzählte mir später, sie habe laut geschrien: ›Diese Schweine haben ihn umgebracht!‹ Und da soll mein Bruder versucht haben, sie zu beruhigen und gesagt haben: ›Komm wir müssen jetzt gehen, sonst sind wir auch noch dran‹.«

In dem Brief, den Vater Jo aus der U-Haft heraus an seine Frau Ilse schrieb, stand auch: »Grüble nicht, ich tu's auch nicht, Grübeln hat nur Zweck, wenn man etwas tun, etwas verändern kann.«

Meine Großmutter kennt die Details nicht, auch die

Szene in der Behörde ist eine Geschichte, die nur sie noch erzählen kann. Ihr Bruder, der damals mit dabei war, lebt nicht mehr.

In den ersten Jahren nach dem verlorenen Krieg gab es viel für die Familie zu tun, um mit den schwierigen Verhältnissen klarzukommen. Es blieb kaum Zeit zu trauern. Meine Großmutter und meine Urgroßmutter und überhaupt alle »Großen« der Familie waren voll im Einsatz. »Wir lebten in Lüneburg, meine Mutter und mein Bruder waren viel mit den Rädern unterwegs, während ich mich für die jüngeren Geschwister verantwortlich fühlte«, sagt sie.

Man plünderte.

»Natürlich war das fast kriminell«, hatte meine Großmutter damals erklärt, als sie mir die Geschichte zum ersten Mal erzählte.

»Aber wenn man an Mangel leidet, ist das nicht die wichtigste Kategorie«, hatte sie gesagt. Wie wir zusammen in ihrem schönen Haus saßen, konnte ich mir meine Großmutter beim besten Willen nicht beim Plündern vorstellen.

Mit Fahrrädern fuhren sie rund um Lüneburg von Dorf zu Dorf, um Lebensmittel zu tauschen. »Und das Verrückte war«, sagt meine Großmutter, »dass wir Essen tauschten auch gegen Tabak, aus einem Reemtsma-Lager. Das war, als meine Brüder von einer Plünderung mit einem großen Tabak-Ballen im Bollerwagen zurückkamen.« Zehn Jahre später heiratete sie ein Mitglied der Familie Reemtsma.

Zunächst aber zog die Familie nach anderthalb Jahren von Lüneburg nach Wedel bei Hamburg.

»Der Patenonkel meiner kleinen Schwester nahm sich unserer an, worum ihn unser Vater noch an Ostern 1944 in Tilsit gebeten hatte. Später wurde er unser Stiefvater, holte uns nach Wedel. In diesen turbulenten Zeiten mit den schnellen Veränderungen, auf die wir uns alle einzustellen hatten, war die Erinnerung an meinen Vater wenig präsent. Durch unseren Stiefvater kamen wir aus der Not in privilegierte Verhältnisse, während es noch so unendlich vielen Menschen kriegsbedingt sehr schlecht ging. Ich durfte bis zum Abitur das Mädchengymnasium in Blankenese besuchen. Wie sehr bedauerte ich Mitschülerinnen, die nach der Mittleren Reife (zehnte Klasse) abgehen mussten, weil sie statt des Abiturs aus finanziellen Gründen eine Berufsausbildung machen sollten. Ich ging so gern zur Schule und dachte: jetzt wird's doch erst richtig interessant. Noch während der Schulzeit lernte ich durch den Freundeskreis meines Bruders und eines Vetters meinen späteren Mann kennen. Er war sechs Jahre älter als ich. Mein Stiefvater fragte mich nach seinem Nachnamen. Der Name Reemtsma sagte mir gar nichts, ich hatte keine Ahnung von Zigaretten, aber bei meinem Stiefvater spürte ich so etwas wie ein respektvolles Oooh!«

Zwei Jahre später richtete der Stiefvater meiner Großmutter für seine Stieftochter, gerade 21 Jahre alt, eine große Hochzeit aus.

»Wie konnte es geschehen«, sagt sie, »dass bereits zehn Jahre nach den ungeheuerlichen Verbrechen der Nazizeit, dem schrecklichen Ende des Krieges und dem elenden

Tod meines Vaters in einem KZ von all dem nichts zu spüren war und bei meiner eigenen Hochzeit in keiner Rede Erwähnung fand?«

Für sie ist daraus eine Lebensfrage geworden. Was schulde ich meinem Vater? Und aus dieser Lebensfrage eine Lebensaufgabe. Das 20. und 21. Jahrhundert verfließen auch hier, lassen sich nicht trennen. Für meine Großmutter nicht, und für uns, ihre Enkel, auch nicht.

1963, fast zwanzig Jahre nach dem Tod ihres Vaters, schreibt das Oberlandesgericht Schleswig in Sachen »Entschädigung«: »Der Verstorbene war ein Gegner des Nationalsozialismus und offenbarte seine ablehnende Haltung mit seltener Konsequenz, Offenheit und Unerschrockenheit im Familienkreis, gegenüber Freunden und Bekannten, darüber hinaus aber auch im gesellschaftlichen und sonstigen Verkehr mit anderen Zivilpersonen und Offizieren. Er betrieb eine gezielte und systematische Gegenpropaganda von seltener Eindeutigkeit, Dauer und Intensität.«

Auf der anderen Seiten waren allein 3000 SS-Männer im Laufe des Krieges im KZ Stutthof stationiert, dazu kamen viele weitere Helfer:innen. Man erfährt von Prozessen gegen elf von ihnen.

»Irgendwie habe ich das Gefühl«, hatte meine Großmutter gesagt, bevor wir in das KZ aufbrachen, als wir gerade alte Briefe durchblätterten und vergilbte Fotos, »dass ich es ihm schuldig bin, ihn aus dem Vergessen herauszuholen, denn ich bin ihm sehr dankbar, dass er rechtzeitig erkannt hat, was für ein Gewaltregime den Deutschen bevorsteht.«

Warum hatten so viele kluge Menschen das nicht sehen wollen, obgleich es doch früh so deutlich war? Meine Großmutter versteht es nicht. Sie schenkt uns Enkelkindern Bücher über Hannah Arendts Gedanken zum Totalitarismus.

Zehn Urenkel von Joachim waren an diesem Tag mit nach Stutthof gekommen. Wir können uns das, was vor uns kam und die Geschichte unserer Familie nicht aussuchen. Wohl aber, wie man dem begegnet.

»Ich war erleichtert«, erzählt sie mir, »dass wir gemeinsam dort waren, in Stutthof, um meinem Vater, einem eurer Urgroßväter, zu gedenken.«

Die Philosophin Rebecca Solnit beschreibt die Vergangenheit als taghell und wie sie zum Licht werden kann, mit dem wir die Nacht erleuchten, die unsere Zukunft ist.

Das Vergessen droht dem Tod die Bedeutung zu rauben. Meine Großmutter wehrt sich dagegen. Auch, indem sie Erinnerungen immer wieder und noch mal versucht weiterzugeben.

Und so verblasst nicht alles: »Es war zur Adventszeit, wir waren bei einer befreundeten Familie in Celle, wo es mit den Kindern in meinem Alter immer sehr lustig zuging. Beim Singen am Nachmittag war mir plötzlich ganz elendig zumute«, erzählt meine Großmutter.

»Tante Anneliese nahm mich auf den Schoß, und ich weinte plötzlich ganz bitterlich. Später glaubte ich, dass das vielleicht die Todesstunde meines Vaters gewesen sein könnte.«

Ostfronten

Man muss Glück haben, Krieg nur aus der Ferne zu kennen. Ich hatte Glück, wie viele junge Menschen aus Westeuropa. Die längste Zeit meines Lebens war der Krieg weit weg, weit weg in der Vergangenheit, oder weit weg in der Welt. Manchmal beides gleichzeitig.

Dabei saß der Krieg, seit ich denken kann, regelmäßig neben mir auf dem Sofa. An Weihnachten zum Beispiel. Bei der großen Familienfeier am Weihnachtsfeiertag würde ich dicht gedrängt zwischen meinen Großtanten und -onkeln sitzen und die Falten in ihren Gesichtern zählen, während sie Geschichten von gestern erzählten. Und alle Geschichten von gestern begannen mit dem Krieg. Also nicht vom Krieg selbst, natürlich, sondern von *Nach dem Krieg*. Dieser zeitliche Anhaltspunkt war eine Selbstverständlichkeit, wie ich sagen würde »nach der Schule«, sagten sie »nach dem Krieg«. Dabei hatten sie die Angewohnheit, ihre Geschichten so durcheinander zu erzählen, dass es so klang, als sähe ihr Alltag etwa so aus: Morgens beim Zahnarzt – dem neuen, der nicht so mit den Kronen pfuscht –, dann schnell zur Post, mittags war Krieg und direkt darauf war schon wieder Zeit für ein bisschen Eierlikör und Gebäck, bevor der Presseclub losging.

Was sie tatsächlich erlebt haben im Krieg, das kam in ihren Erzählungen fast nie vor, vom Krieg an sich, der gewaltvollen Auseinandersetzung, wurde natürlich nicht gesprochen. Doch nicht nur über den Krieg wurde nicht gesprochen, auch über das Nicht-Sprechen über den Krieg schwiegen sie. Viel später erst verstand ich, wie politisch ein Schweigen am Weihnachtsfeiertag sein kann.

Der Krieg sitzt neben mir auf dem Sofa und verteilt selbstgebackene Salzplätzchen. Und dennoch ist der Krieg weit weg: räumlich, zeitlich und auch emotional. Vielleicht habe ich auch deshalb die späteren Kriege in weiter Ferne verortet. Wie viel sie mit der Welt, in der ich lebte, zu tun hatten, war lange unsichtbar.

Wenn Freunde mit Migrationsgeschichte von Kriegen in ihren Heimatländern berichteten, selbst als Russland 2014 in die Ukraine einmarschierte, erschien das weit weg.

Die Anthropologie spricht viel darüber, dass Emotionalität etwas Kulturelles ist. Gefühle hat man nicht einfach, Gefühle sind soziale Konstrukte, sie sind an- oder abtrainiert, angesehen oder verachtet, erwartet oder stigmatisiert. Und auch ob und wie sie artikuliert werden, ist in der Kultur einer Gesellschaft festgeschrieben.

Es ist kein Zufall, dass mir bis heute oft die Worte fehlen, um Gefühle zu beschreiben. Und das trotz des sonstigen Reichtums der deutschen Sprache. Wer jung ist, darf emotional sein, aber dann auch Mädchen mehr als Jungs, und wenn Menschen älter werden, wird von ihnen erwartet, Gefühle immer den Konventionen entsprechend auszudrücken. Erwachsen ist, wer Gefühlsausbrüche nur noch aus Hollywood kennt.

Vom Krieg gegen die Ukraine erfahre ich durch eine *Spiegel*-Push-Mitteilung. Das ist so irritierend, dass ich erst nicht richtig verstehe, was passiert ist. Ich drehe mich noch mal um und schlafe weiter.

Wenige Tage später demonstrieren über 500 000 Menschen in Berlin. Ich spreche auf dieser Demo, bloß, was sagt man? Ich weiß es nicht. »Was sagt man, wenn das Unsagbare live im Fernsehen übertragen wird?«, so fange ich meine Rede schließlich an. Und ich meine es so. Ich habe keine Worte für die Brutalität, die Zerstörung; diese Gewalt. Meiner Generation war versprochen worden, dass es nie mehr Krieg in Europa gibt.

Dieser Krieg kam ohne Sirenen und blinkende Lichter daher. Dieser Krieg kam in dem Format zu uns, in dem sonst E-Mails kommen oder Instagram-Direktnachrichten.

Später rufe ich meine Großmutter an. Ihr Leben hat gewissermaßen mit dem Krieg angefangen, einmal schrieb sie: *Was hatte ich mir nur für eine Zeit ausgesucht, um ausgerechnet während so turbulenten Monaten Anfang des Jahres 1933 mein Erdenleben zu beginnen?* Und nun neigt sich ihr Leben auch im Krieg dem Ende zu. Es sind andere Kriege, man kann sie nicht vergleichen. Dennoch sind beides Kriege in Europa, um die Ecke.

Und jetzt stehen wir da, mit den weinenden Menschen aus der Ukraine in den Armen. Wir sitzen da, in den Zoom-Calls mit unseren Freund:innen aus Uganda, aus Syrien und Afghanistan, die nicht verstehen, warum wir nicht früher hingeguckt haben, zu den anderen Kriegen, die seit Jahren und Jahrzehnten Verzweiflung und Leid und Zerstörung schüren. Wohin wir auch blicken, wohin wir auch gehen, es brechen Fundamente auseinander, in jedem Sinne. Wertefundamente und ökologische Fundamente. Wir erleben nicht das eine große Ende der Welt, sondern viele kleine Welten, die eine nach der anderen vor uns kollabieren.

Was haben wir uns nur gedacht? Und was haben sich die Generationen vor uns gedacht, uns all diese Märchen zu erzählen?

Haben sie wirklich gedacht, dass es nie auffliegt? Dass wir auf unseren Reisen nicht hingucken, was der Preis ist, den Menschen an anderen Orten für unseren Wohlstand bezahlen? Haben sie wirklich gedacht, dass wir nicht zuhören, wenn man uns Vorwürfe macht, dass wir Klimaschutz und Frieden predigen, sie aber Klimaziele reißen und Geschäfte mit Autokraten machen? Haben sie wirklich gedacht, dass man sich auf unbegrenzte Zeit einreden kann, dass das schon alles gut gehen wird?

Meine Großmutter hat erlebt, wie sich die Krisen zusammenbrauten. Mit welchem Gefühl blickt sie auf ihre Zeit auf dieser Welt zurück, auf die letzten neun Jahrzehnte, mit welchem Gefühl blickt sie auf ihre Enkel und Urenkel?

Ich frage sie, ob sie sich erinnert fühlt, an damals, an den ersten Krieg.

»Wenn ich auf der Schaukel saß und Ostwind war, hörte man die Kämpfe«, erzählt sie. »Dann trug der Wind die Ostfront zu uns herüber. Es rauschte und dröhnte wie ein Fußballstadion aus der Ferne. Ansonsten musste man nur über die Memel fahren und auf der anderen Seite waren die Geschäfte voll. Luisa, wir hatten doch Glück, wir konnten rechtzeitig weg aus Ostpreußen.«

Die junge Dagmar kann auf ihrer Schaukel die Kämpfe hören, und trotzdem finden, dass der Krieg weit weg ist. Nähe ist ein Konstrukt. Wenn es kein Social Media gibt, kein Fernsehen, kaum Berichte von der Front, woher soll die Nähe kommen?

Ich denke mit schmerzender Brust an Videos von jungen Frauen in Kiewer U-Bahn-Schächten.

Das gab es damals nicht. Die Tatsache, dass wir heute unabhängige Berichte live aus der Ukraine empfangen können, dass junge Menschen auf TikTok und Instagram ihre eigenen Geschichten erzählen können, dass Menschen über die Grenzen, über die Distanz hinweg füreinander da sein können, das ist von unschätzbarem Wert.

Doch diese Nähe hat in unserer globalisierten Dauerkommunikation auch Schattenseiten. Wie steht man das durch, diesen Krieg, diese Zeiten, in denen Nähe so warm und brutal zugleich sein kann?

Nach ihrer Flucht aus Ostpreußen im Sommer 1944 lebte die Familie knapp zwei Jahre in Lüneburg. *Da hatten wir auch Bombenangriffe, bei einem dachte unsere Mutter, dass es den Sohn erwischt hat, »der Junge ist hin«, rief sie – bis er dann doch noch in den Bunker rein gerannt kam. Aber ansonsten war es nicht zu vergleichen mit dem, was unsere Freunde in Hamburg erlebten, jede Nacht im Bunker, die ganzen Landverschickungen.*

Es mangelte an allem, Essen, Kleidung, Feuerholz, es waren harte Jahre in Lüneburg. Einmal wurden ihnen die Fahrräder geklaut. Dann klauten sie welche von anderen.

Das erzählte sie mir erst 2015, als Deutschland über die sogenannte Flüchtlingskrise spricht. *Das ging uns doch auch so. Was hätten wir sonst tun sollen? Ich weiß manchmal nicht, wie man als Gesellschaft auf die Idee kommt, über Flucht und Vertreibung so zu sprechen, als könnte es das hier nie geben.* Ich weiß es auch nicht. *Unsere Erfahrungen müssten uns doch eigentlich alle empathischer machen.*

Meine Großmutter erzählt, dass sie gerne ukrainische Geflüchtete bei sich aufnehmen will. »Putin ist ein Mörder!«, ruft sie in den Hörer.

»Na ja«, sagt sie, »aber Russland hat uns auch befreit. Später haben wir mit der Friedensinitiative jahrelang Pakete für die Frauen in St. Petersburg gepackt, deren Männer im Krieg umgekommen waren, und die dann später kümmerlich leben mussten.« Wie viele Ideen der kontinuierlichen Annäherung, der Völkerverständigung, der politischen Freundschaft mit diesem Krieg wohl für die Generation meiner Großmutter zerschellt sind?

»Und wie hältst du es nun mit den Waffenexporten?«, frage ich sie. Ehrlicherweise fürchte ich mich etwas vor der Antwort. Viele Menschen aus ihrer Generation verweigern sich dem, haben offene Briefe geschrieben, fordern mit aller Vehemenz, keine Waffen zu liefern.

»Ja, die Exporte sind schlimm«, sagt sie. Oje, denke ich. »Seit Jahrzehnten!«, ergänzt sie. Deutschland exportiert seit langer Zeit Waffen in alle Welt, teilweise waren wir Exportweltmeister. »Dagegen haben wir schon in den 90ern gekämpft!«

Sie hat tatsächlich gekämpft. Sie hat protestiert, Veranstaltungen organisiert und auf den Aktionärsversammlungen von Thyssenkrupp gesprochen, einem der größten Waffenexporteure Deutschlands. »Waffenexporte sind Beihilfe zum Mord«, schrieb die Theologin Dorothee Sölle einmal, das zitiert meine Großmutter viel. Am Tag vor einer dieser Aktionärsversammlungen fiel meiner Großmutter auf, dass viele Waffen und ihre Namen weiblich sind oder weibliche Pronomen haben, die Pistole, die Machete, die Panzerfaust, wie auch Kriegsschiffe oft Frauennamen haben. Dabei weiß ich nicht recht, ob das tatsächlich so ist, vielleicht ist es auch nicht so wichtig, für meine Großmutter ergab sich eine gewisse Logik. »Und das habe ich den Männern von Thyssenkrupp gesagt! Ich habe gesagt, wissen Sie, warum Sie für solche mörderischen Maschinen weibliche Pronomen und Namen nutzen? Weil Sie die Waffen beherrschen wollen, genau wie Sie die Frauen beherrschen wollen. Domestizieren, unterdrücken. Das hängt doch alles zusammen! Luisa, das kannst du dir nicht vorstellen, wie die Männer damals geguckt haben. Denen standen die Münder offen.« Dreißig Jahre später würde Außenministerin Annalena Baerbock auch im Krieg eine feministische Außenpolitik verteidigen.

»Aber«, fasst meine Großmutter zusammen, »man kann doch nicht als Bundesrepublik jahrzehntelang Waffen in alle Welt exportieren – übrigens auch an Staaten, die Krieg geführt haben, damit Unsummen verdienen, und genau dann, wenn ein Land wie die Ukraine in einem Angriffskrieg darauf angewiesen ist, sich verteidigen zu können, entscheiden, dass einem Waffenexporte jetzt nicht mehr ins Konzept passen. Was ist denn das für ein Pazifismus?« Meine Großmutter, die sich seit Jahrzehnten gegen die

Waffengeschäfte wehrt, sieht jetzt die Gründe, die dafür sprechen.

Aber meine Großmutter ist nicht mitleidig mit sich selbst oder ihrer Generation. Sie sorgt sich um die jungen Menschen. »Es ist so schlimm mit dem Krieg«, sagt sie immer wieder, »was für ein humanitäres Drama. Und wie soll das nur werden, mit dem Klima. Alleine der Aufbau der Ukraine, die ganzen Ressourcen! Und die Kontaminierungen des Bodens! Und die ganzen Gelder, die nun in Panzer gehen, die braucht es doch für die Transformationen, auch in der Ukraine. Es ist so grau-en-haft für euch junge Menschen.«

Das Klima ist überall, es lässt sich auch hier nicht heraushalten. Gerade aus diesem Krieg nicht. Fast mitleidig wendet man sich mir zu, als Putin in 2022 seine Großoffensive startet, »Ihr Armen, jetzt wird man erstmal keine Zeit mehr für das Klima haben«. Als würde man sich mit dem Klima »der Aktivst:innen zuliebe« beschäftigen. Als würden Putins Krieg und die Klimakrise nicht zusammenhängen.

Fossile Energien zentrieren Macht, strukturell. Kohle, Öl und Gas kann man nicht mal eben im Garten aus dem Boden holen, sie müssen mit aufwendiger, zentralisierter Infrastruktur gefördert und verarbeitet werden. Diese Infrastruktur muss aufgebaut, organisiert und kontrolliert werden. Durch diese Kontrolle entsteht Macht, über die Nutzung der Energien und über die Einnahmen. In einer Welt, in der jede Gesellschaft und Ökonomie vom Zugang zu fossiler Energie abhängt, ist das eine unvergleichliche Macht. In Demokratien liegt sie oft bei großen

Konzernen, bei RWE in Deutschland oder Shell in den Niederlanden. In Autokratien oder Diktaturen liegt diese Macht beim Staat oder bei Staatskonzernen wie Gazprom in Russland oder Aramco in Saudi-Arabien.

Es gibt einen interessanten Unterschied zwischen der Förderung von Kohle, und der von Öl und Gas. Für die Kohleförderung braucht es vergleichsweise viele Arbeiter:innen, ohne sie kommt die Kohle weder hoch noch zu den Kraftwerken. In Zeiten, in denen es noch keine riesigen Kohlebagger oder elektrische Infrastruktur gab, brauchte es eine Riesenbelegschaft, um Kohleminen am Laufen zu halten. Heute übernehmen das meist Maschinen, doch laufen auch diese Maschinen nicht ohne Menschen. Bei Öl und Gas ist die Abhängigkeit von Arbeiter:innen geringer, Pumpen und wartungsarme Pipelines übernehmen einen Großteil der Arbeit. So ist Kohle gewissermaßen eine relativ demokratische Energieform, denn auch Konzerne oder Staaten, die die Kohle kontrollieren, hängen davon ab, dass Menschen für sie arbeiten. Und darum wissen die Arbeiter:innen – nicht ohne Grund sind traditionell Gewerkschaften, in denen Kohlekumpels organisiert sind, ziemlich mächtig. Seit zum Ende des 20. Jahrhunderts hin vielerorts auf der Welt die Gas- und Ölnutzung die Kohleenergie als Primärenergiequelle ablöste, wurde die Energieversorgung so weniger demokratisch, und noch zentralisierter. Gas- und Öl-Pipelines lassen sich zudem viel besser verstecken, im Boden vergraben oder durch Meere hindurch verlegen, das nimmt auch Möglichkeiten, sich gegen die Infrastruktur zu organisieren.

Erneuerbare Energien hingegen sind – tendenziell – demokratisch, sie sind darauf ausgelegt, dezentral auf Hausdächern und Feldern installiert zu werden, sie brauchen Platz und viele Menschen, sie sind anfällig für Widerspruch aus der Gesellschaft, die zwangsläufig mit ihnen interagieren muss, und sie müssen vor Ort in unterschiedlichsten Settings installiert werden. Natürlich können auch große Solarfelder in Wüsten etwa autokratisch kontrolliert werden, es ist jedoch bisher die Ausnahme. Es ist die kollektive Macht, die dort wächst, wo sich Haushalte, Familien, Wohnsiedlungen, Kommunen oder Genossenschaften entscheiden, ihren eigenen Strom zu produzieren, in dem sie sich gemeinsam Photovoltaikanlagen kaufen, oder dort, wo Landwirt:innen beispielsweise auf brachliegenden Feldern Windräder aufstellen lassen und dafür vergütet werden.

Autokraten und Diktatoren, in Russland oder anderswo, bauen ihre Macht national und international auf die Kontrolle von Ressourcen auf, meist sind es fossile Energien, manchmal andere Rohstoffe. Und sie schaffen Abhängigkeiten, wie etwa die Energieabhängigkeiten Deutschlands von Russland. Solange die Energieversorgung von Kohle, Öl und Gas abhängig ist, sind diese fossilen Energien eine eigene Gewalt, sie machen erpressbar, sie sind inhärent antidemokratisch und damit auch eine Art von Waffe. Energiewenden, weg von fossilen Energien hin zu erneuerbaren Energien, sind nicht nur Klimaschutz-Maßnahmen. Es sind auch Demokratieschutz-Maßnahmen.

Wenn Putin Krieg führt, dann ist das ein fossiler Krieg.

Finanziert durch fossile Exporte, politisch möglich gemacht durch fossile Macht. Um radikale Energiewenden einzuleiten, muss man sich nicht dem Klimaschutz verschrieben haben, es reicht schon, fossile Autokraten wie Putin problematisch und stabile Demokratien gut zu finden. Denn natürlich kann keine Demokratie wahrlich sicher oder souverän sein, solange die verlässliche Industrieproduktion oder die warmen Wohnzimmer oder fahrenden Autos von fossilen Energieimporten abhängen.

Der Krieg, den Russland gegen die Ukraine führt, ist keinesfalls der erste fossile Krieg, – viele der Kriege im sogenannten nahen Osten, im Irak, Afghanistan oder Syrien, drehen sich um fossile Energien. Oftmals drehen sich diese Krieg auch um die Kontrolle fossiler Ressourcen, wie der Irakkrieg auf so grausame Weise gezeigt hat.

Meine Großmutter zeigt mir Flyer, die sie mit ihrer Umweltgruppe gemacht hatte. Sie sind aus dem Jahr 2004, und obendrauf steht: *Frieden durch Sonnenenergie statt Kriege um Öl.* Und dann: *Die richtige Energiepolitik ist Friedenspolitik.* Dazu gibt es einen sorgfältigen Preisvergleich von Ökostromanbietern. Meine Großmutter und viele andere waren mit ihren Warnungen nicht durchgedrungen.

Als die Welt anfängt, von der Ukraine zu sprechen, denke ich an die Menschen, die fliehen oder kämpfen müssen. Und meine Großmutter, in ihrer ökologischen Sparsamkeitsmentalität, denkt beim Krieg sofort an die Ressourcen. Sie schimpft dann los, vor meinem inneren Auge sehe ich sie gegen Putin wettern: *Wer soll das aufbauen? Das geht doch niemals nachhaltig! Da sind nicht nur Heimaten zerbombt, schlimm genug, auch Chancen auf ökologische Besserungen. Die Klimakrise gibt es auch in der Ukraine! Was denkt der Putin sich.*

Eine Woche, nachdem wir das erste Mal über den Ukraine-Krieg sprechen, gehen wir zusammen auf einen Fridays-for-Future-Streik für Frieden. Auf Druck von Fridays for Future ist es allen Schülerinnen und Schülern in Hamburg an dem Tag freigestellt, ob sie zur Schule oder mit uns auf die Straße gehen.

Die Luft vibriert vor Menschen, vor Energie, vor Aufregung. Junge Leute gucken schüchtern herum, kleine ukrainische Flaggen auf ihren Corona-Masken, zerschlissene Hosen an den Beinen. Für viele ist es hier das erste Mal auf der Straße, überall berichten Medien über den ersten Massenprotest von Schüler:innen für Frieden. Wir haben mit etwa 20 000 Menschen gerechnet, 120 000 Menschen sind gekommen. Solidarität ist keine Großzügigkeit. Es ist keine gönnerische Zuwendung zu einem Thema. Solidarität ist keine liebe Geste. Solidarität ist gelebte, gemeinschaftliche Resilienz. Solidarität erkennt an, dass Gesellschaften nur so frei sind, wie ihre Minderheiten frei sind, nur so sicher sind, wie die Sicherheit, die die Marginalisiertesten erfahren. Resilienz zu leben heißt anzuerkennnen, dass das Leben in einer Demokratie erkämpft wurde und gefährdet ist, sobald es nicht verteidigt wird. Deshalb kann man sich Großzügigkeit von anderen höchstens wünschen. Solidarität hingegen einfordern. Gelebte Solidarität ist auch ein Versprechen, eine Bejahung des eigenen Seins in der kollektiven Existenz. Sie sagt dir: Du bist gebraucht. Du machst einen Unterschied.

Die Welt nimmt dich ernst. Wer sich als solidarisch versteht, versteht sich als Teil eines Gefüges, in der Rechte gewonnen und verteidigt werden, miteinander, füreinander.

Meine Großmutter demonstriert mit uns, weil sie in fast neunzig Lebensjahren gelernt hat, dass eine Haltung zu haben nicht reicht. Man muss auch für sie einstehen. Es ist immer leichter, bequemer, verlockender, sich zu den Zyniker:innen zu gesellen. Zu einem der Menschen zu werden, die bloß nicht das Gute in den Menschen suchen wollen, aus lauter Angst, dass man enttäuscht werden könnte. Die von Anfang an aufgegeben haben, nur um auf den Moment zu warten, an dem sie sagen können: »Wir haben es ja gesagt.«

Die Zyniker:innen werden nie erfahren, welche Kraft und Schönheit in Menschen liegt, die nicht stumm zugucken wollen.

Freund:innen aus der Ukraine schicke ich später die Bilder von den vollen Straßen. Mein Blick trifft den meiner Großmutter. Ihre Augen blitzen.

Einige Monate später denken wir an diese Momente zurück. Bei meiner Großmutter sind mittlerweile geflüchtete Menschen aus der Ukraine in das Gästezimmer eingezogen. Man hatte gehofft, dass der Krieg ein *turning point* sein würde. Ein Moment, in dem radikal aus den fossilen Energien aus- und in die Erneuerbaren eingestiegen würde. Man hatte gehofft, dass es der Punkt werden könnte, in dem aus Klimapolitik »harte« Politik werden würde. Dass politische Entscheidungsträger:innen verstehen würden, dass innere und äußere Sicherheit ohne klimagerechte Energiesysteme nicht gewährleistet werden kann.

Stattdessen aber hat es neben neuen Investitionen in Windparks und Wärmepumpen vor allem Investitionen in Kohle, Öl und Gas gegeben. Ausgerechnet ein fossiler Krieg hat eine neue fossile Ära eingeleitet. Ein Autokrat, den fossile Energien ermächtigten, hat Demokratien überall auf der Welt erfolgreich zu noch mehr Fossilität getrieben. Und wie schon bei der Klimakatastrophe begann man auch hier, die Kriegskatastrophe Stück für Stück zu verdrängen, zu normalisieren und dann einzupreisen.

Manche sagen, es läge an der Fülle der Krisen – nach dem Krieg kamen die Energiekrise, die Inflation, die Gasknappheit. Uns würden schlicht die Kapazitäten fehlen, uns auf die Energiewende zu konzentrieren. Das müsse man verstehen. Dabei gab es in der Geschichte der Bundesrepublik zu keinem Zeitpunkt nur eine einzige, singuläre Krise. Krisenkomplexe sind kein neues Phänomen – neu ist bloß ihre Geschwindigkeit und Heftigkeit.

Die Botschaft dieses Krieges ist für meine Großmutter aber eine andere: »Dieser Krieg«, sagt sie, »reiht sich ein in eine lange Folge von Katastrophen, von denen ich viele in meinem Leben miterlebt habe, und die uns sagen: Keine Katastrophe kommt alleine und wird jemals Grund genug sein, radikal in Richtung Nachhaltigkeit und Gerechtigkeit zu steuern. Wenn man die Veränderungen zum Guten wirklich will, muss man selbst für sie einstehen. Dann muss man Solidarität selbst organisieren. Die Krisen und Katastrophen sind die Motivation. Der Rest liegt bei uns.«

Rauchen

Wie es zu dem Moment kam, als meine Flötenlehrerin mich nach dem Nachnamen fragte, weiß ich nicht mehr. Es ging auch nicht um meinen, sondern um den meiner Großmutter.

Ich war es überhaupt nicht gewohnt, auf Nachnamen zu achten. Das ist ja in der Regel keine Beschäftigung von Grundschulkindern. Schon gar nicht, wenn sie Luisa Neubauer heißen, also genau eine Silbe interessanter als Müller oder Meier. Entsprechend fand ich es merkwürdig, als ich von meiner Flötenlehrerin an diesem einen Nachmittag nach dem Nachnamen meiner Großmutter gefragt wurde. *Hatte ich das richtig verstanden, Reemtsma, wie die Zigaretten?*

Auf dem Weg nach Hause fragte ich meinen Vater, was das zu bedeuten hatte mit den Zigaretten. Ich hatte nie etwas von Reemtsma-Zigaretten gehört, ich kannte ein paar Marken von meinem Vater, manchmal versteckte ich seine Zigaretten, um ihn vom Rauchen abzuhalten, aber *Reemtsma* hatte nie draufgestanden. Mein Vater erzählte, dass mein Großvater, den ich nie so richtig kennengelernt hatte, also der Mann meiner Großmutter, aus einer Zigaretten-Familie kam. Die hatten vor langer Zeit eine Firma gegründet, die Zigaretten produzierte. Was er nicht erzählte: Dass die Firma 1980 an Tchibo und 2002 von dort aus weiter an die britische Konkurrenz verkauft wurde und die entfernte Familie nicht mehr, und meine Eltern schon gar nicht, am Tabakkonzern beteiligt war. Ich dachte: Eine eigene Firma!

Für eine Weile war ich froh um das Wissen, dass »meine Familie« irgendwo etwas machte, was einen Namen hatte. Hätte ich nachgefragt, hätte das meinen impulsiven Stolz vielleicht gar nicht erst so aufkommen lassen. Ich wusste, dass Zigaretten giftig sind. Meine Eltern stritten, solange ich denken konnte, um die Raucherei meines Vaters. Als ich aber mit neun Jahren vor einem Kiosk stand und auf die Zigarettenpackungen starrte, schien die gesundheitliche Wirkung zweitrangig, es war immerhin der Nachname meiner Großmutter, den ich da auf den Packungen gedruckt sah. Ich fand das toll.

Als meine Großmutter zum ersten Mal von der Familie Reemtsma hörte, über ein halbes Jahrhundert zuvor, machte sie gerade Abitur. Sie kannte den Reemtsma-Tabak, ihr Bruder hatte wenige Jahre zuvor, in der Nachkriegsknappheit, sogar ein Lager geplündert. Die Menschen dahinter kannte sie nicht. Mit 19 lernte sie dann einen jungen Mann kennen, dessen Nachname die Menschen in ihrem Umfeld aufhorchen ließ.

Ich stelle sie mir vor, eine schöne, schlanke Frau mit welligen Haaren, wie sie einen Mann namens Feiko kennenlernt, beim Segeln. Feiko muss gut ausgesehen haben, groß und mit kantigen Gesichtszügen. »Er war schon gereist, ich dachte, der weiß bestimmt, was er will«, sagt meine Großmutter. Feiko war eine »gute Partie«. Zu dieser Zeit, Mitte der 50er-Jahre, war das Rauchen selbstverständlich.

Die Firma wurde von den drei Brüdern geleitet, Philipp, der Firmenchef, Hermann und Alwin. Feiko war ein Sohn vom Jüngsten der drei, von Alwin. Feiko arbeitete nach dem Krieg für die Firma im Auslandsgeschäft und würde später mit einem kleinen Anteil beteiligt werden. »Mit einer Milliarde verkaufter Zigaretten im Monat hielt Reemtsma 1952 einen Marktanteil von 35 Prozent. Bis Ende der 50er-Jahre sollte er auf über 44 Prozent anwachsen«, kann man auf der Website von Reemtsma Cigarettenfabriken nachlesen. Was für Dimensionen. Damals wohl so etwas wie ein deutscher Traum.

Ihre Hochzeit muss wie aus dem Bilderbuch gewesen sein; schöne Menschen, schöne Kleider, ein tolles Paar, mit achtzig Leuten zehn Jahre nach dem Krieg, in einem großen Hotel an der Alster. In historischen Kostümen wurde Quadrille getanzt. Meine Großmutter erlebte es damals als großes Glück, sie war eine fröhliche Braut. Heute schaudert es ihr bei dem Gedanken. Sie habe ja keine Ahnung gehabt, sagt sie. »Ich war so blauäugig.«

Die Firma Reemtsma lief im und nach dem Krieg sehr gut. Deutschland und vor allem die Soldaten rauchten, und sie rauchten Reemtsma. Den Reichtum der Firma beschreiben Karl Heinz Roth und Jan-Peter Abraham, Autoren des Buches *Reemtsma auf der Krim*, als »sagenhaft«. Das war kein Zufall.

1932 traf Philipp Reemtsma, der mittlere der drei Brüder, Adolf Hitler persönlich, um über Werbeanzeigen in den Propaganda-Zeitungen der NSDAP zu verhandeln. 1933 trat Alwin, der Jüngste, der SS bei. Im Herbst desselben Jahres veranstaltete die Firma im Hamburger Stadtteil Ottensen eine »Massenhochzeit«, zusammen mit der NSDAP und der lokalen Kirche. 122 Zigaretten-Mitarbeiterinnen heirateten am selben Tag, um die Arbeitslosigkeit zu bekämpfen. Sie heirateten jeweils einen erwerbslosen Mann, der nach der Hochzeit ihre Arbeitsstelle übernehmen würde, damit die Frauen »ihrer eigentlichen Bestimmung, Frau und Hüterin des Herdes zu werden«, nachkommen können, wie es die Altonaer Nachrichten 1933 beschrieben. Reemtsma schenkte jedem Paar sechshundert Reichsmark, die NSDAP wurde für ein propagandistisches Glanzstück gefeiert.

Ebenfalls 1933 erschien von der Firma Reemtsma das erste nationalsozialistische Sammelalbum. Eine Naziversion eines Panini-Albums. Meine Großmutter zeigt mir eines, sie hat es über ein Antiquariat erworben. Ein Buch, so groß wie ein dickes DIN-A4-Fotoalbum, »Deutschland erwacht« steht vorne drauf. Dicht bedruckte Seiten über Adolf Hitler, die Hitlerjugend, die Frauen, die Märsche und Reichsparteitage. Zwischen dem Text sind Felder, in denen Fotos eingeklebt sind. Sie zeigen Kinder, die ihre Hände nach Hitler ausstrecken, Bildunterschrift »Kinder lieben den Führer«, Frauen, die Hitler anlächeln, Bildunterschrift »Frauen verehren den Führer«; sie zeigen marschierende Soldaten, Bildunterschrift »Das Volk ist bereit«. Die Fotos zum Einkleben bekam man mit jeder

Zigarettenpackung der Firma Reemtsma. Mit jeder Packung! Das Sammelalbum mit dem Titel »Adolf Hitler« wurde bis 1943 unfassbare 2,83 Millionen Mal verkauft.

Alwin stieg auf in die Waffen-SS. Er wurde zu Auslandseinsätzen geschickt, nach Riga etwa, wo er an den Planungen eines Konzentrationslagers beteiligt war. 1939 wurde ihm von Reichsführer SS Heinrich Himmler ein Orden verliehen.

»Zu den hamburgischen Unternehmen, die [...] das NS-Regime und dessen führende Repräsentanten, vor allem Hermann Göring, kontinuierlich mit hohen Zuwendungen unterstützen, gehörte der Zigarettenkonzern Reemtsma«, heißt es in *Hanseaten unter dem Hakenkreuz* von Uwe Bahnsen. Bis Ende des Krieges zahlte Reemtsma zwölf Millionen Mark an Göring, der wiederum Philipp vor einem Steuerhinterziehungsverfahren schützte.

Bei der Hochzeit von meiner Großmutter fehlte ihr Vater. Er war nicht da, nicht in echt, natürlich, aber auch nicht in den Erzählungen. Er wurde verschwiegen, vergessen, übersehen, bei der schillernden Hochzeit seiner ältesten Tochter, keine zehn Jahre nach seinem Tod in einem Konzentrationslager. Ihr Schwiegervater, Alwin Reemtsma, der Vater ihres Mannes, war da.

»Wie war er so?«, möchte ich wissen. Was für ein Widerspruch, Vater und Schwiegervater. Wie tritt jemand auf, von dem man später erfährt, dass er ein hochrangiges SS-Mitglied war? Wie begegnet man so einem Mann?

»Wir haben uns Mitte der 50er-Jahre kennengelernt, bei so einer Art kleiner Verlobung«, erzählt meine Großmutter. »Wir waren zu Gast im Jagdhaus, da verbrachten Alwin und seine Frau nach dem Krieg den größten Teil ihrer Zeit.« Meine Großmutter sagt nicht Jagdhaus, sie sagt es mit Hamburger Dialekt: *Jachthaus.*

»Neben meinem Teller lag eine Serviette mit einem Serviettenring.« Sie nimmt eine Serviette vor sich in die Hand, drückt sie in der Mitte zusammen und formt mit ihrem Daumen und Zeigefinger einen Kreis. »Und auf dem Serviettenring, da war ein Stein drauf, ein Aquamarin.« Der hatte Irmgard, der Frau von Alwin gehört. Das war das Verlobungsgeschenk.

Ein Aquamarin zur Verlobung? Himmel. Für seine Verbrechen bei der SS war Alwin drei Jahre lang in Internierungshaft, »bei den Engländern, in Schleswig-Holstein«. Auch Reparationen zahlte er. Kurze Zeit später saß er schon wieder meiner Großmutter gegenüber und fragte sie über ihren Schulabschluss aus.

»Ach Luisa, er war rührend!«, sagt sie. »Seiner Frau Irmgard fühlte ich mich sehr verbunden, wir waren uns in gewisser Weise ähnlich. Alwin lebte zu der Zeit sehr zurückgezogen, introvertiert, auch bedingt durch seine starke Schwerhörigkeit. Ich erlebte ihn gütig und freundlich mit allen, mit denen er zu tun hatte. Er verwöhnte mich regelrecht. Als ich nach der Geburt seiner ersten Enkeltochter noch in der Klinik war, lag plötzlich ein dicker Umschlag auf meinem Bett mit der Aufschrift ›Der Kinderwagen‹ – und ich dachte: Das ist doch nicht die Möglichkeit. Es waren die Wagenpapiere für einen VW Käfer!«

Wieder diese Geschenke. Und haben deine Schwiegereltern nach deinem Vater gefragt und warum er nicht mehr lebt? »Ja«, erzählt meine Großmutter. »Ich habe Ihnen erzählt, warum er angezeigt wurde, dass er dann umkam. Sie sind nicht weiter darauf eingegangen.« Wenn meine Großmutter vom Tod ihres Vaters spricht, sagt sie immer: »Er kam um.« Für mich klingt das, als wäre er unglücklich beim Wandern gestürzt. Im Konzentrationslager kam man nicht um, da wurde man ermordet. Meine Großmutter versteht mich, aber ändert ihre Formulierung nicht. »Das haben wir schon früher so gesagt.«

»Hast du nie nachgefragt, was die Eltern von deinem zukünftigen Mann beruflich machen? Oder was sie während des Krieges getan haben?«, frage ich.

»Luisa, darüber sprach man nicht. Ich war völlig ahnungslos. Im Geschichtsunterricht kam die jüngere Vergangenheit nicht zur Sprache, und sonst auch nicht.«

Diese Verdrängung innerhalb und zwischen den Generationen, immer wieder, denke ich.

»Aus heutiger Sicht ist alles so schwer vorstellbar für mich«, sagt meine Großmutter. »Aber es war möglich, ich habe mich lange nicht gefragt, in was für eine Familie ich hineingeheiratet habe. Das wurde nicht verlangt oder erwartet.«

Dieses Schweigen überall.

In *Hanseaten unterm Hakenkreuz* wird erklärt, wie einflussreich die Mythen über die Rolle der Unternehmen waren. Da hieß es, dass aus vielen Unternehmensfamilien eine Person »abgestellt« wurde, um mit den Nazis zusammenarbeiten, so auch Alwin, der Jüngste. »Ach, sagte man dann, der hat da gar nicht so richtig mitgemacht.« Aber es musste sein, um der Firma »zu nützen«, damit das Geschäft weiterlaufen kann. Es waren auch harte Zeiten für die Unternehmen, erzählte man. Täter-Opfer-Umkehr, die weitergetragen wird von Generation zu Generation. »Kumulative Heroisierung im intergenerationalen Weitergabeprozess« nennen das Welzer et al. in *Opa war kein Nazi*. Dass Alwin Reemtsma, einer unserer Urgroßväter, nach dem Krieg verurteilt worden war und deswegen jahrelang in Lagerhaft saß, wusste ich lange nicht.

Als Alwin Reemtsma 1970 starb, hatte meine Großmutter mit Feiko Reemtsma schon vier Kinder bekommen. Es dauerte bis 1995, bis sie wieder von ihrem Schwiegervater hörte. Zu dem Zeitpunkt war sie schon 15 Jahre von Feiko getrennt. Den Namen Alwin Reemtsma hörte sie aus dem Mund eines Historikers, bei einem Vortrag in der Universität Hamburg. Sie saß da, fassungslos.

»Die weiße Landkarte: Wirtschaft und Wirtschaftspolitik in HH während der NS-Diktatur« hieß die Tagung. Sie war mit einer Freundin gekommen. Beide interessierten sich sehr für die Geschichte der Hansestadt und ihrer Kaufleute.

»Es hätte mich stutzig machen sollen, dass Alwin drei Jahre lang in Internierungshaft saß, aber das hat es nicht«, sagt meine Großmutter.

»Aber warum hast du nicht mal nachgefragt?«, frage ich.

»Einmal habe ich die junge Haushaltshilfe von Alwin und seiner Frau Irmgard gefragt, was sie mitbekommen hatte, über die Tätigkeiten von Alwin während des Krieges. Die hat schnell abgewunken«, antwortet sie. »Auch in meiner gebürtigen Familie, also unter den Angehörigen der Opfer, wie meinem Vater, hat man nicht darüber gesprochen. Wir hatten ja keine Antworten«, sagt sie. »Wir hatten keine Antwort auf die Frage, ›Warum waren wir alle Hitlers willige Vollstrecker?‹, wie es der Historiker Daniel Goldhagen formuliert hat.«

Erschrocken und entsetzt spricht sie den Historiker Karl Heinz Roth nach seinem Vortrag auf der Tagung an.

Alwin Reemtsma, über den sie gesprochen haben, ist mein Schwiegervater.

Es war das erste Mal, dass sie von der Rolle Alwin Reemtsmas im Nationalsozialismus erfuhr. In den folgenden Jahren besuchte sie Veranstaltungen, kontaktierte Historiker:innen, las Bücher.

Sie hatte eingeheiratet in eine Familie und war wieder ausgeschieden. Meine Großmutter hieß zwar noch immer Reemtsma mit Nachnamen, dennoch stand sie quer zur Familie. Bewahrt das davor, selbst einer »Heroisierungstendenz« zu folgen, wie Welzer et al. es nennen? Sicher nicht. Auch ist offen, wie es sein kann, das meine Großmutter sechzig Jahre alt werden musste, um sich mit der Schuld ihres Schwiegervaters zu beschäftigen. Die Informationen waren ja da, die Prozesse liefen. In den Zeitungen gab es Artikel darüber. Oft zu wenig, zu oberflächlich, zu relativierend, aber dennoch: geheim war es nicht.

Erst als ich meiner Großmutter gegenübersitze und über die Verdrängungsmechanismen in den Jahren ihrer Ehe spreche, fällt mir auf, wie stark diese Verdrängung auch in meiner eigenen Interpretation der Familiengeschichte eine Rolle gespielt hat.

Bewusst oder unterbewusst fragte ich lange nicht nach, wollte nicht genau wissen, was passiert war, hörte nicht genau hin, wenn meine Großmutter *wieder vom Krieg* sprach. Einige Details kannte ich. Wie, dass man nebenbei auch gute Sachen gemacht hatte. Zum Beispiel hatte man einen Künstler unterstützt, der von den Nazis verfolgt wurde, Ernst Barlach. Meine Großmutter nahm mich ab und zu mit ins Ernst-Barlach-Haus in Hamburg, und wenn ich danach meiner Mutter davon berichtete, sagte sie: »Ja, das ist schön, nech. Bei meinen Großeltern im Jagdhaus standen einige seiner Skulpturen auf dem Kaminsims.«

Nachdem meine Großmutter 1995 den Vortrag von Karl Heinz Roth gehört hatte und ihm ihre Fassungslosigkeit geschildert hatte, schrieb er ihr in einem Brief:

> *Ich glaube Ihnen ohne jeden Vorbehalt, dass Sie so wenig über die politischen Verstrickungen ihres Schwiegervaters wussten. Vor kurzem schrieb mir eine ehemalige Mitarbeiterin des Sekretariats von Alwin Reemtsma, die ... 1941 ... gehen musste, ihre Erfahrungen auf. Es waren Erinnerungen an eine sozialpolitisch großzügig abgeschottet heile Welt.*

Über die Familie Reemtsma erschienen seit den 90ern eine Reihe an Büchern. *Die Reemtsmas. Geschichte einer deutschen Unternehmerfamilie*, von Erik Lindner, und 2015 Uwe Bahnsens *Hanseaten unter dem Hakenkreuz*. 2011 erschien das Buch *Reemtsma auf der Krim*, von Karl Heinz Roth und Jan-Peter Abraham. Es beschreibt im Detail, wie das Unternehmen im Laufe des Krieges insgesamt 20 000 Menschen auf Tabakplantagen und in Verarbeitungsbetrieben zur Arbeit zwang.

Nachdem meine Großmutter das Buch gelesen hatte, wandte sie sich ein weiteres Mal ab. »Bei der Lektüre hat mich ein geschildertes Detail ganz besonders erschrocken. Es wird beschrieben, dass der Gauleiter von Ostpreußen, Erich Koch, nach dem Vormarsch im Osten auch Reichskommissar des besetzten Gebietes bis zur Krim geworden war.«

> *Ausgerechnet der Nazi-Verbrecher, Erich Koch,* schrieb sie in einem Brief an ein Familienmitglied der Familie Reemtsma, *ist zumindest mit Wissen von Hermann und anderer wichtiger Mitarbeiter gefördert worden, um der Firma gegenüber ihren Konkurrenten Vorteile zu verschaffen bei der Übernahme der Tabakwirtschaft in der Ukraine. Zu dieser Zeit, im Spätsommer 1944, versuchte mein Vater, gegen die gewissenlose Anordnung von Erich Koch, Menschen auf eine rechtzeitige Flucht aus Ostpreußen vorzubereiten und hoffte, damit Leben zu retten.*

Ihr Vater, Jo von Hänisch, wird unter Führung von Gauleiter Erich Koch ermordet, ihr Schwiegervater ist mit ihm vernetzt, durch Geschäfte und die Zusammenarbeit mit den Nationalsozialisten. »Ich habe mich immer gefragt«, sagt meine Großmutter, »was Alwin wohl gedacht hat, als ich ihm erzählte, was mit meinem Vater passiert ist.«

Harald Welzer et al. schreiben, dass »Refiguierungen von weitergegebenen Geschichten zumeist die Funktion haben, Großeltern in einem Licht erscheinen zu lassen, das sie auch nach Maßgabe heutiger Bewertungen und normativer Einschätzungen als jederzeit moralisch integre Persönlichkeiten zeigt.«

Nun bin ich fast achtzig Jahre alt und weiß nicht, wie ich heute mit dem Wissen über diese Vergangenheit umgehen soll, schreibt meine Großmutter in einem Brief an jemand anderen aus der Familie Reemtsma. Laut dem NS-Dokumentationszentrum Zwangsarbeit haben die Firma Reemtsma und die Beteiligten bis heute alle geforderten Reparationszahlungen getätigt. Der Soziologe Jan Philipp Reemtsma, Cousin von meinem Großvater Feiko und der einzige Sohn vom Firmenstrategen Philipp Reemtsma, hat schon 1980, sobald er es rechtlich konnte, seine sämtlichen Anteile an der Firma verkauft und eine Stiftung gegründet. Entstanden ist unter anderem das Hamburger Institut für Sozialforschung, das mit einer Ausstellung über die Verbrechen der Wehrmacht im Zweiten Weltkrieg auf sich aufmerksam machte.

Die Relativierung der Schuld im Familiengedächtnis, wie ich sie erlebt habe, hat all das nicht aufgehalten.

Im Gegenteil, gerade weil mit Jan Philipp Reemtsma da »wer« war, der sich einer Aufarbeitung angenommen hat, empfand ich noch weniger Verantwortung, mich mit der Vergangenheit zu beschäftigen.

Auf Einladung einer Organisation vor Ort reist meine Großmutter 2012 mit einer ihrer Töchter auf die Krim und besucht die überlebenden Zwangsarbeiterinnen. Sie bittet Familienmitglieder, für die Errichtung eines Gemeinschaftszentrums auf der Krim zu spenden, das passiert auch, in einem Brief notiert sie dazu: *Bei dem, was ich dazu beitrage, geht es darum, dass ich seit zweieinhalb Jahren das selbstlose Engagement einiger Leute hier kenne und auch die Frauen von der Krim kennengelernt habe, die dort mit knappen finanziellen Mitteln Verantwortung übernommen haben für eine wenigstens notdürftige Betreuung sehr alter Menschen, Opfer einer schrecklichen deutschen Vergangenheit.*

Als meine Großmutter einem Bekannten aus der Familie Reemtsma den Vortragstext des Historikers Karl Heinz Roth schickt, antwortet er mit den Worten: »Habe ich mir angeschaut. Einige der beschriebenen Dinge stimmen nicht, damals, das in Riga, stimmt zeitlich nicht. Ansonsten, vergiss es!«

Meine Großmutter entschied anders, wie bei ihrem Vater war auch hier das Vergessen keine Option. Ihr Vater wurde in einem KZ ermordet, ihr Schwiegervater hat dabei geholfen KZs zu bauen.

Und was heißt das für uns Urenkel? Das gegenwärtige Jahrhundert wiegt schon so schwer auf unseren Schultern, wie vergessen wir darüber das Vergangene nicht? Wie und wo und wann stellen wir uns der Frage, welche Verantwortung bei uns liegt? Zeitzeugen wird es nicht mehr lange geben, im nächsten Jahrzehnt ist die Machtergreifung Hitlers schon hundert Jahre her. Antisemitismus und Rassismus, Autokratien und Diktaturen erstarken in vielen Teilen der Welt, unterminieren demokratische Freiheiten, gefährden Minderheiten, riskieren gesellschaftliche Sicherheit.

Und so schließt sich der Kreis, denn intakte, solidarische, souveräne Demokratien sind eine Voraussetzung für all das, was durch die ökologischen Krisen, die Ungerechtigkeiten und Ungleichheiten weltweit und in Deutschland auf uns zukommt. Auf ihre ganz eigene, unvergleichliche Art und Weise holen Zukunft und Vergangenheit in diesen Tagen die Gegenwart ein, kreieren eine neue Zeitzone, ein Dilemma der vergangenen und künftigen Pfadabhängigkeiten. Meine Großmutter und ich können uns nicht aussuchen, ob wir uns mit dem Zweiten Weltkrieg beschäftigen. Meine Großmutter nicht, weil ein gewichtiger Teil ihres Lebens von der Nazizeit gezeichnet ist. Ich vielleicht schon eher, ich bin Teil der Kriegsurenkel. Über uns und unser Verhältnis zur deutschen Vergangenheit wird nur noch punktuell gesprochen, man könnte meinen, die Zukunft sei schon Drohung genug. Aber nein, ich habe auch keine Wahl. Weil ich mir nicht aussuchen kann, wer meine Urgroßväter waren, wohl aber, welchen Umgang ich damit finde, was sie mir durch ihre Lebensgeschichten hinterlassen haben. Und so wird die Auseinandersetzung mit dieser Vergangenheit für uns junge Generationen in Deutschland von einer Option zur Notwendigkeit.

Welche Erinnerungskultur, wenn man es so nennen mag, hat das Fassungsvermögen, über all die Generationen hinweg Verbindungen zu schaffen, in die Vergangenheit und in die Zukunft? Fragen über Fragen. Ausreichende Antworten haben wir bei weitem nicht.

»Ich hatte damals in der Uni, als ich Alwins Namen sah, sofort die Situation mit der Nähmaschine im Kopf.« Mit der Nähmaschine?

»Ja, nachdem ich im Jagdhaus zu Besuch war, ist er in einen Nähmaschinen-Laden gegangen und hat gesagt: ›Ich möchte die beste Nähmaschine, die Sie haben, für meine zukünftige Schwiegertochter. Ich kenne mich mit Nähmaschinen gar nicht aus, Sie müssen mich beraten.‹« Meine Großmutter lächelt. »Diese Nähmaschine hat er mir dann zum Weihnachtsfest mit unserem ersten Kind geschenkt, das war deine Mutter. Und es war wirklich die beste Nähmaschine.« Meine Großmutter zeigt mit ihrer Hand ins Regal neben dem Küchentisch. »Ich benutzte sie immer noch, über 67 Jahre später.«

Da steht sie. Bei uns, in der Küche. Die Nähmaschine, die ich kenne, seit ich denken kann. Die Nähmaschine, mit der meine Großmutter mir Gardinen genäht hat, und Kleider für meine Puppen. Das ist die Nähmaschine, die ich oft aus der Steckdose ziehe, wenn ich komme, um mein Handy aufzuladen.

Vom Regal guckt sie auf uns herab, die Alwin-Nähmaschine aus Gusseisen. Erst jetzt, als ich sie noch mal angucke, fällt mir auf, wie alt sie aussieht.

Empören

Meine Großmutter hat sich mit allen Leuten zweimal zerstritten. Das erste Mal, als die Leute die Schrecken der NS-Herrschaft zu schnell vergessen wollten. Und dann noch einmal, als sie die ökologischen Katastrophen nicht wahrhaben wollten.

Draußen ziehen Kumulus-Wolken über den blauen Himmel, Äste neigen sich träge im Sommerwind, in der Ferne hört man Rasenmäher. Am Frühstückstisch inspiziert meine Großmutter die Brötchen, sie fragt, ob die von gestern seien, das hätte sie gut gefunden. Einmal sei sie bei einem befreundeten Ehepaar zum Frühstücken gewesen, ein Drama. Es sei damit losgegangen, dass sie mit dem Auto zum Bäcker gefahren seien, weil es so sehr geregnet hatte. Unfassbar, was würden die sich denken, für zwei Kilometer. Und damit noch nicht genug. Dann hätten sie nach dem Frühstück die übrig gebliebenen Brötchen einfach wegschmeißen wollen, »im Ascheimer!« Und sie schiebt hinterher: »Mit der Tüte!« Meine Großmutter war so fassungslos, sie erzählt bis heute davon.

Natürlich kam es nicht so weit, meine Großmutter intervenierte: »Dann haben wir die Brötchen mitgenommen, weißt du noch, Luisa, du warst dabei. Schon am selben Nachmittag haben wir angefangen, sie zu essen, und dann hatte ich noch tagelang was davon.« Und, als würde es nicht noch absurder werden können, fügt sie mit den Händen in der Hüfte hinzu: »Ich hab die noch nicht mal eingefroren, nee, nee. Ich hab sie nur etwas feucht gemacht und im Toaster angewärmt.«

Wenn ich richtig rechne, liegt dieser Vorfall mittlerweile 15 Jahre zurück. Das ist aber ganz egal, denn das Entsetzen über jedes einzelne unrechtmäßig weggeworfene Brötchen – mit einer zwei Kilometer langen Autofahrerei auf dem Gewissen – nimmt mit der Zeit nicht ab. Bis heute guckt meine Großmutter in die Runde, als sei das alles erst wenige Minuten her. Ja-ha, denke ich und frage mich, woher sie kommt, diese Empörung. Nein, vor allem frage ich mich, woher die Energie kommt, sich immer wieder zu empören.

Das frage ich mich nicht ohne schlechtes Gewissen, sie hat ja recht. Ich müsste mich mit ihr aufregen. Es geht nicht nur um das Weggeworfene an sich, vielmehr um die Selbstverständlichkeit, die sich in die Verschwendung eingeschlichen hat. Es geht um Systeme, die die Ressourcenverschwendung nicht nur subventionieren, sondern einkalkulieren. Supermärkte, die genießbare Lebensmittel gesetzlich wegschmeißen müssen, statt sie zu spenden. Gesetze, die dafür sorgen, dass ein großer Teil der geernteten Lebensmittel durch Verformungen schon auf dem Acker als unverkäuflich eingestuft wird. Es geht um den Preisverfall von Lebensmitteln, der für Landwirt:innen oft das wirtschaftliche Aus bedeutet – und ihre Produkte praktisch wertlos werden lässt. Die großen Supermarktketten drücken die Preise immer weiter, weiter unter den eigentlichen Wert der Nahrungsmittel. Die Politik lässt das zu, und schützt die Betriebe nicht ausreichend vor der Macht der Supermärkte. Im Laufe der Zeit gewöhnen sich Menschen an die niedrigen Preise, so schnell könnte man sie dann nicht wieder anheben, ohne dass es für viele finanziell eng werden würde. Wenn meine Großmutter über die Brötchen spricht, spricht sie nicht über Brötchen und auch nicht über Autos. Sie spricht vor allem über eine Haltung, eine Gewohnheit dahinter, auf bestimmte Art und Weise mit Ressourcen umzugehen. Es geht um diese Kurzlebigkeit von Wertschätzung, in dem einen Moment sind die Brötchen noch wichtig genug, dass man dafür das Auto nimmt, im nächsten schmeißt man sie schon weg.

Ich könnte mich auch darüber aufregen, aber diese Haltung ist so allgegenwärtig, so *normal*, zu groß die Mühe, sich immer wieder von vorne aufzuregen. So funktionieren Normalitäten – sie vereinen scheinbar Unvereinbares: Werte und Wirklichkeit, Gewissen und Gewohnheit.

Meine Herangehensweise an das Leben in einer verschwenderischen Gesellschaft (Empörung ja, aber nur, wenn der Anlass stimmt, und gerne mit freundlicher Bitte) und die meiner Großmutter (Empörung, immer!) müssen manchmal wirken, als lebten wir in Paralleluniversen. Als sei nicht sie, sondern ich die 89-Jährige voller Altersmilde, und sie die junge Radikale.

Die Sache mit der Normalität ist ja, dass sie nur funktioniert, wenn alle, oder wenigstens genügend Leute mitmachen. Gnadenlos zerscheppert sie an der gehobenen

Faust meiner Großmutter, mit der sie nicht nur die Verschwendungsgesellschaft, sondern auch ihre Einzelteile, also uns, anspricht. Während ich ihre Wut nicht immer spüre, aber gut nachvollziehen kann, ist das meist der Moment, wenn Menschen aus der Generation ihrer Kinder, wie meine Eltern, den Raum verlassen. *Musst du schon wieder damit anfangen, Dagmar*, das nervt die sogenannte Boomer-Generation und sie knallt im Zweifel die Tür zu.

Manchmal hat ihre Wut fast etwas Komisches. Etwa, wenn ihre Wut unangekündigt in andere Themen reinplatzt. Das sind etwa Gespräche, die sie mit *Hör mal, ich habe eine neue, interessante Alterserscheinung* einleitet und mit *Alt werden ist nichts für Feiglinge!* beendet. Diese Gespräche können auch mal Stunden dauern, jeder erdenkliche Lebens- und Körperbereich wird auf mögliche Dysfunktionalitäten und Schwächen hin abgeklappert. Manchmal beschleicht mich dabei das Gefühl, dass sie die Brutalität ihrer körperlichen Leiden fast schon genüsslich in Form von detaillierten Beschreibungen besagter Alterserscheinungen an uns weitergibt. Auch eine Form von Generationengerechtigkeit. Und gerade, als sie sagt, »Ach Luisa, meine Süße, dieser Tage bin ich wieder so schlapp«, und dazu nachdrücklich in den Telefonhörer seufzt, fällt ihr Blick durch das Küchenfenster auf eine überquellende Mülltonne auf der anderen Straßenseite, und sie kann sich nicht halten. Schlappheit hin oder her, ohne Umschweife geht es los: Dieser Verpackungsmüll, das ganze Plastik, vor allem aber die Nachlässigkeit, denken die Leute nicht mit? »Das sehe ich doch von hier, das Franzbrötchen hätte man noch essen können, aber nein, es landet schon im Ascheimer, das ist doch absurd«, sagt sie, mit der Energie einer Vierzigjährigen.

Meine Großmutter ist nicht die einzige ihrer Generation, bei der ich diese Form von Wut erlebe. Im Gegenteil, *it's a thing*. Woher nehmen sie diese Empörung? In dieser Unerschöpflichkeit? Wie kann es sein, dass die Macht der Gewohnheit innerhalb weniger Tage die sinnvollsten Neujahrsvorsätze unter sich begräbt, aber so gnadenlos an meiner Großmutter und ihrer Generation abprallt, die nun seit über vierzig Jahren eine Kultur des Wegwerfens erlebt? Und auch – auf die eine oder andere Weise – unweigerlich Teil von eben dieser Kultur ist, ohne sich einen Funken an sie zu gewöhnen?

Wedel, Mittwoch, den 5. Februar 1947

Meine liebe, liebe Mami und lieber Pa!
(...) Habt ihr schönes Wetter?
Heute war es nicht schön, wieder Ostwind, und doch schien die Sonne nicht. Heut Mittag haben wir ein Glas Rote Beete gegessen. Sie hat sehr gut geschmeckt. Unsere Kartoffeln sind noch immer nicht da, weil der Wagen im Schnee festsaß. Frau Landsberg sagte, dass sie so bald wie möglich kämen. Wir haben noch welche für drei Mahlzeiten. (...) Der Ofen brennt jetzt etwas besser, weil wir das Holz hinterm Ofen hoch aufgestapelt haben, und dort ist es einigermaßen getrocknet.

Meine Großmutter ist 13 Jahre alt und schreibt an ihre Mutter und den Stiefvater, als diese verreist sind. Nachkriegsdeutschland in Wedel, zehn Kilometer außerhalb Hamburgs. Für drei Mahlzeiten haben die fünf Geschwister noch Vorrat, draußen schneit es immer noch. Jeder Tag wird sorgfältig dokumentiert.

Ein paar Tage später schreibt meine Großmutter:

> *Mein Frostzeh ist unterhalb wieder etwas offen. Gestern habe ich ein Fußbad gemacht. Montag haben wir Schule. Billein* (die kleinste Schwester) *ist sehr lieb und brav. Tante Lena schnattert wie ein Entenpopo* (ja, das steht da wirklich). *Redet wegen jedem Dreck ein paar Stunden. Sonst ist sie aber ganz nett. Heute haben wir wieder Licht. Wedel ist in 4 Teile geteilt. Jeder bekommt abwechselnd 24 Stunden Strom.*

Ein Tag Licht, dann drei Tage nicht. Das war der Fall für meine Großmutter. Sie war arm dran, aber nicht annähernd so arm, wie andere in der Nachkriegszeit.

An ihrem 14. Geburtstag, am 2. März 1947, schreibt sie:

> *Heute morgen brannte der Ofen überhaupt nicht, denn das Holz ist klitsche naß, daß wir den Ofen innerhalb des Vormittags mindestens 5–6 mal angemacht haben. Einer saß immer nur vorm Feuer, pustete hinein und stocherte. Und dann* dieser *Dreck! Bloß gut, daß ihr nicht da seit. Pa wäre wohl völlig durchgedreht.*

Als ich 14 Jahre alt wurde, habe ich alle meine Freundinnen eingeladen und es gab Pfannkuchen mit Eis. Mit Ben & Jerry's Eis. Ich erinnere es genau, das war etwas Besonderes; es war teuer, und es gab gleich drei verschiedene Sorten. Es hat fantastisch geschmeckt. Wir konnten das Eis nicht annähernd aufessen, doch niemand kam auf die Idee, es in den Keller und in die Tiefkühltruhe zu bringen. Fast die Hälfte davon schmissen wir später weg, es war ganz flüssig geworden, beige und braune Soße, in den beschichteten Papierbechern. Als ich später noch einmal darüber nachdachte, hatte ich das Gefühl, mich bei jemandem entschuldigen zu müssen. Aber wusste nicht, bei wem.

Meine Großmutter kann nichts, oder vor allem: will auch nichts wegschmeißen. Und vor allem keine Lebensmittel. Weil sie noch weiß, wie es ist, nichts zu haben. *Mir behagt es nicht,* sagt sie, *so ist unsere Generation. Ich habe dir doch erzählt, wie wir umherzogen, auf der Suche nach ein paar Früchten, die meine kleinen Schwestern bekommen sollten. Das sitzt so tief.*

Ich erinnere mich. Sie schrieb an ihre Eltern:

> *Gestern haben wir auch 2 alte, verschrumpelte kleine Äpfel bekommen, die wir damals anmelden mussten. Sie sind nur für Ingrid und Billein.*

Essen wurde durch Essenmarken verteilt. Wenn man besonderen Bedarf hatte, musste man das anmelden. Kleine Äpfel für die Kleinkinder zum Beispiel. In der Schule gab es eine Schulspeisung, und weil meine Großmutter und ihre Familie Nazi-Geschädigte waren, bekamen sie eine extra Portion. *Ich bin froh, dass ich 2 Portionen bekomme. Gestern gab es ganz wunderbare Milch-Graupensuppe,* notiert sie da.

»Bei jedem Stückchen Stoff denke ich, na, das kann man noch mal gebrauchen.« So wie sie das sagt, klingt es fast ein bisschen zwanghaft. Selbst wenn sie wollte, sie könnte es nicht anders. Und natürlich wird sie wütend, in einer Welt des Massenverschleißens, des Massenwegwerfens. Aus ihrer Sicht muss sich das, was sie vor sich sieht, anfühlen wie ein Verrat. Ein Verrat an den Erfahrungen ihrer Generation.

Aber was war dazwischen? In der Zeit, in der meine Großmutter live miterlebt hat, wie sich Nachkriegsdeutschland zum Wirtschaftswunder-Deutschland und Massenkonsum-Deutschland und schließlich zu Wir-verbrauchen-Ressourcen-von-drei-Planeten-Deutschland entwickelte? Was war passiert in den sechzig Jahren im Leben ihrer Kinder, an dessen Ende sie fassungslos neben dem jungen Ehepaar steht und sieht, was es mit *komplett genießbaren* Brötchen anstellen möchte?

Es fing doch alles so unschuldig an. Die Generation ihrer Kinder, meiner Eltern, sollte es besser haben. Das klingt richtig und rein und logisch und wohltuend, und natürlich wünscht man den Nachkriegskindern, dass sie es wirtschaftlich besser haben werden als ihre verschrumpelte Äpfel zählenden Eltern.

Nur sieben Jahre nachdem sie ihren 14. Geburtstag

noch vor dem widerspenstigen Ofen verbrachte, heiratet meine Großmutter, und es wird ein gewaltiges Hochzeitsfest. *Komplett verrückt*, nennt sie das heute. Meine Großmutter ist 21 Jahre alt, als sie heiratet, und sie sieht fantastisch aus.

Es ging damals noch sehr vielen Menschen richtig schlecht! Eine Hochzeit als Sinnbild von Westdeutschland, das aufbricht, das sich wieder an Wohlstand gewöhnt. Und natürlich auch sinnbildlich für eine Unternehmenskultur, die sich, nach Krieg und Nazi-Kollaboration, befreit sehen wollte.

Zunächst kommt ihre erste Tochter zur Welt. Materieller Aufbruch und gesellschaftlicher Ausbruch, meine Großmutter geht das erste Mal wählen, sie wählt die FDP. Zur Geburt ihrer ersten Tochter schenkt der Schwiegervater ihr ein Auto, einen VW Käfer. Mit beidem liegt man voll im Trend. Von 1955 bis 1965 werden jedes Jahr mehr Kinder geboren, und von 1950 bis 1960 steigt die Zahl an PKWs auf deutschen Straßen um sage und schreibe siebenhundert Prozent.

Wenn man die materielle Logik dieser Zeit verstehen will, die auf einzigartige Weise eins war mit der politischen Logik, dann erklärt die Sache mit den Autos einiges. Zunächst nämlich: Wie großartig es gewesen sein muss, die Interessen der Politik, der Exportwirtschaft, der Autoindustrie und der Menschen alle auf einen gemeinsamen Nenner zu bringen: Autos für alle, Made in Germany. Kaum etwas hatte so große Symbolkraft für ein Deutschland, das durchstartet. Produktivität und Freiheit, Sommerurlaub mit dem Käfer, runter bis nach Italien. *Wir waren glücklich, wenn wir mit 30 PS über die Alpen fuhren, heute sind es für viele 250 PS und mehr!* Damit so viele wie möglich Autos kaufen und Autos fahren konnten, sollte das Fahren schön günstig sein: geboren war die Pendlerpauschale.

Was auf den Straßen möglich wurde, gab es auch in der Luft: Zivile Flugreisen wurden als völkerverbindende Maßnahme erkannt, damit sich mehr Menschen das leisten konnten, hatte man 1944 international entschieden, das Flugbenzin, also Kerosin, nicht mehr zu besteuern. Auch das hält bis heute an. Und es brauchte Platz für die Autos, denn zunächst fuhren die vielen neuen Autos in den engen Städten ewig in andere Autos oder Menschen hinein. Unglaubliche Zahlen an Unfalltoten. Man zog also Schneisen für die Autos durch die Innenstädte, durch Berlin baut man kurzerhand eine ganze Autobahn. Fußgänger mussten nun umständlich um die Autostraßen herumlaufen, noch ein Grund mehr, aufs Auto umzusteigen. Die Stadt für das Auto war geboren.

Damit die ganzen PKWs produziert werden konnten, brauchte es billige Energie in rauen Mengen. Kohlekraft! Für sie wurde gesorgt, ihr bahnte man den Weg, indem man Kohleenergie zum Gemeinwohl erklärte, wodurch Menschen, die das Pech hatten, auf Kohlevorkommen zu wohnen, kurzerhand enteignet werden konnten. Bis heute wurden insgesamt etwa dreihundert Ortschaften zerstört und 100 000 Menschen umgesiedelt. Zusätzlich fing man in den 1950ern an, die Kohlekraft staatlich zu subventionieren (all das hält bis heute an).

Vieles an Konsumgütern und -verhalten wurde aus den

USA übernommen, von einem »irresistible empire« spricht die Forscherin Victoria de Grazia mit Blick auf den Durchmarsch der US-amerikanischen Vermarktung im 20. Jahrhundert. In den USA vermischten sich ab den 1930er-Jahren rassistische und konsumfördernde Politik. Mit dem Housing Act von 1949 z. B. wurde Immobilien-Segregation erlaubt, in bestimmte Vororte von Städten durften so nur noch Weiße ziehen. Dazu verfügte man vielfach, dass in den Vororten ausschließlich Einfamilienhäuser gebaut wurden. Der Effekt: Ein Einfamilienhaus reihte sich ans nächste, die Suburbs breiteten sich immer weiter aus, und damit die Distanzen in die Innenstädte. Die Abhängigkeit vom Auto wuchs und wuchs, der Absatzmarkt boomte.

Zurück nach Deutschland: Hier baute und bohrte und produzierte man weiter, im Rekordtempo. Von 1950 bis 1970 verdoppelte sich die Menge an Autobahnkilometern in Deutschland. Unvorstellbar.

Meine Mutter wuchs in eine Welt hinein, in der Konsum Heilung bedeutete. Vom Krieg, von der Zerstörung. Und in gewisser Weise auch ein Wegkommen von den Verbrechen der ersten Hälfte des 20. Jahrhunderts. Wo Menschen satt sind, Arbeit haben, kaufen können, was sie meinen zu brauchen, dort, wo in den Wohnzimmern abends die Fernseher flackern, die Knappheit überwunden ist, da gibt es keinen Nährboden für den Faschismus oder für den Krieg, so die Idee. Und dafür tat man politisch und wirtschaftlich einiges, nicht zuletzt, weil sich die Interessen so wunderbar überschnitten: Die Profite der Konzerne wuchsen, es wurden Arbeitsplätze geschaffen, was wiederum ein stabiles politisches Klima schuf. Was könnte falsch daran sein? Es wurden entsprechende Gesetze geschrieben, es wurden die Räume in den Städten geschaffen, und kreuz und quer durch das Land wurde die notwendige Infrastruktur gebaut. Im neu etablierten Fernsehen rauschten Autos in den Werbepausen über den Bildschirm. Immer größer, immer schneller, kauf dich glücklich.

In den 50er- und 60er-Jahren fing man nicht »einfach so«, unbedacht an, zu produzieren, zu konsumieren und zu verschwenden. Es war das Konzept dieser Zeit. Es war staatlich gewollt und staatlich gefördert. Auf Hochtouren arbeitete man an der Verbilligung von Konsumgütern. Viele dieser Dynamiken und Gesetze halten sich bis heute. Fossile Produktivität wurde gleichgesetzt mit dem Wohlstandsversprechen der Bundesrepublik, mit Vollbeschäftigung und Aufbruch in eine großartige Zukunft. Und die Eltern meiner Mutter wussten warum. Sie kannten noch diese anderen Zeiten. Was das für eine Erlösung gewesen sein musste, nach dem Hunger, dem Verzicht, der Graupensuppen-Speisung in der Schule.

Das Ganze hatte eine phänomenale Breitenwirkung, gerecht war es trotzdem nicht. Autofahren etwa war immer noch Männersache, die Volkswirtschaft boomte und dennoch war die Armut groß. 1962 schwemmte die große Flut in Hamburg die Diskrepanzen dieser Zeit skrupellos an die Oberfläche. Man erinnert diese Flut heute vor allem, weil der damalige Polizeisenator Helmut Schmidt mutig voranging und in dieser historischen Nacht 40 000 Helfende koordinierte. Die Flut war mit 315 Toten in Hamburg aber auch daher so groß und gefährlich, weil schützende Infrastruktur fehlte und gravierende Fehler im Krisenmanagement gemacht wurden. Deiche hatte man nicht gebaut, die Flächen, die ein Fluss wie die Elbe zum Fluten bräuchte, waren verbaut, gerade die überwiegend migrantischen Menschen auf den Elbinseln waren ungeschützt. Auch eine Realität in Westdeutschland der 60er-Jahre. Als ich knapp fünfzig Jahre später in der Schule über die große Flut von Hamburg lernte, nutzten wir das Wort Umweltdiskriminierung nicht, aber das kann man da natürlich drin sehen. Sprich, überproportional viele Umweltgefahren werden dort produziert oder zugelassen, wo Minderheiten leben. Im schönen Reetdachhaus meiner Großmutter, nur wenige Kilometer von der Elbe entfernt, bekam man von der großen Flut in 1962 nichts mit. Die Familie verbrachte gerade die Winterferien in der Schweiz.

Merkte meine Großmutter zu diesem Zeitpunkt, dass da was schiefläuft? Merkte sie, dass unter all dem Konsum und der Wirtschaftskraft eine ökologische Katastrophe heranwuchs? Sie sagt nein, die Informationslage war aber auch eine andere als heute. Dass sich der Massenkonsum dieser Zeit mehr und mehr zu einem ökologischen Desaster aufschaukelte, überblickte sie nicht. Dass die Flüsse in Deutschland immer kontaminierter und die Luft dreckiger wurde, das bekam man punktuell mit. Ein strukturelles Problem schien es nicht zu sein. Eher ein kleiner Fehler in einer dröhnenden Maschinerie der Wohlstandsvermehrung.

1972 veröffentlichte der Club of Rome dann *Die Gren-*

zen des Wachstums. Das sind kaum drei Jahrzehnte nach Ende des Zweiten Weltkrieges. Der Idee, Wirtschaftswachstum mit Wohlstand gleichzusetzen, wurde eine Absage erteilt. Man verbrauche viel zu viele Ressourcen, sorge für zu viel Umweltbelastung, zu viel Ungleichheit. Man müsse einen anderen Umgang mit der Endlichkeit des Planeten und dem, was er für uns Menschen an Ressourcen bereithält, finden. Wohlstand, oder viel mehr Wohlergehen, müsse entkoppelt werden von Emissionen, dringend. Meine Großmutter bekam wenig mit von diesem Bericht. Der erste, der es im Hause Reemtsma liest, ist der jüngste Sohn. Es wird aber nicht zum großen Thema. Zu dem Zeitpunkt war meine Mutter, das älteste Kind, gerade 17 Jahre alt, den vier Kindern ging es gut, inzwischen war ein Pflegekind dazugekommen. Man verreiste und wanderte und segelte. Pünktlich dazu kamen 1964 übrigens die ersten Plastik-Schwimmflügel auf den Markt, Made in Germany. Vorbei die Zeit der selbstgemachten Schwimmhilfen.

Meine Großmutter sparte zu Hause Ressourcen, zumindest teilweise, das hatte sie so in ihrer Kindheit gelernt. Alle Kinder lernten an der eisernen Nähmaschine, wie man Schürzen und Kleider selber machte. Um sie herum explodierte derweil ungehindert der Massenkonsum.

Geizig war das, sagt meine Mutter heute, *wir gingen nie essen, wie andere Familien.*

Ja, warum auch, das konnten wir doch auch alles selbermachen, wir hatten es doch so schön zu Hause!, ruft meine Großmutter dem entgegen.

Meine Großmutter setzte sich zunächst jenseits der

ökologischen Frage in der Schule, als Elternratsvorsitzende, dafür ein, dass Kinder aus benachteiligten Stadtteilen integriert wurden. Ihre Privilegien nagten an ihr, sie probierte, etwas daraus zu machen. Schön alles, und schön wohlständig. Denn das Leben über den Möglichkeiten, die der Planet bot, fand ja trotzdem statt: Autos, Segelboote, Reisen. Die Grenzen des Wachstums waren auch hier nicht in Sicht.

Meine Großmutter zeigt mir ein Foto von sich, auf einer Demonstration. Eine Dame Anfang vierzig, mit langem, dunklem Mantel und Hut. Auf dem Rücken hängt ein großes Plakat: Wir haben keine drei Planeten im Kofferraum! In den 60ern und 70ern, befeuert durch die Ölkrisen, dem Sterben des deutschen Waldes, dem Ozonloch, und der ersten Umweltkonferenz 1972 in Stockholm, bildet sich in verschiedenen Ecken der westdeutschen Gesellschaft (und auf andere Art und Weise der ostdeutschen) die Umweltbewegung heraus. Meine Großmutter unterstützt das, mehr aber auch nicht. In den Jahren mit den vielen Kindern, dem vollen Haus, der Ehe blieb wenig Raum dafür. Ich denke an meine Mutter, die von ganz ähnlichen Mechanismen erzählt, nicht in den 60ern, sondern in den 90er- und Nullerjahren. Weltbewusstsein, Weltvergessen, Wohlstandskritik und Wohlstandswachstum, alles dicht an dicht unter einem Dach.

Aber wann kam denn nun die Wut meiner Großmutter? Der Frau, die noch an einem Tag schrumpelige Äpfel abzählte, und dann praktisch über Nacht in einer Welt der Dauerverschwendung landete? Irgendwann muss sie doch ausgeflippt sein.

Sie erinnert sich nicht an einen bestimmten Punkt, an dem sie sich mal umgeblickt und gedacht hätte: Wo sind wir gelandet?

Meine Großmutter fing an, sich zu radikalisieren, als sie Zeit dafür hatte, da waren die Kinder schon fast aus dem Haus. In den 80er- und 90er-Jahren fing sie an, mehr zu lesen, politisierte sich, mischte sich ein. Zu dem Zeitpunkt hatte sie mit meinen älteren Geschwistern ihre ersten Enkelkinder. Jahrzehnte nach den politischen Tagen bei meiner Großmutter würde ihr erstes Enkelkind, meine Schwester, »Mums for Lungs« gründen, eine Organisation für die Bekämpfung von Luftverschmutzung.

Die Kinder meiner Großmutter hingegen waren bald nicht mehr zu Hause und gingen ihrer eigenen Leben nach. 1977 erscheint *Small is Beautiful – die Rückkehr zum menschlichen Maß* von Ernst Friedrich Schumacher, 1980 *Haben oder Sein* von Erich Fromm. 1986 trat meine Großmutter dann einer Umweltgruppe bei, kurz nach der Reaktorkatastrophe von Tschernobyl. »Demokratie lebt von Mitmachen!«, steht auf den Flyern und »Global denken, lokal handeln«. 1990 kommt *Wir Klimamacher* von Hartmut Graßl raus, hinten im Buch sind Klimaschutztipps: »Essen Sie weniger Fleisch!«, steht da, oder auch »Verzichten Sie auf unsinnige und überflüssige Produkte. Eine gute Übersicht bietet das Werbefernsehen, denn für die sinnlosen Güter muss die Industrie in einer Überflussgesellschaft den meisten Wirbel machen.«

Meine Großmutter hat diese Liste heute ausgedruckt

Tilsit, ca. 1936. Dagmar (3) und Vater Jo von Hänisch.

Tilsit, 1939. Dagmar (6) übt ›Schwalbe‹ auf dem gefrorenen Mühlenteich.

Wedel, Pfingsten 1949. Dagmar ist 16 Jahre alt.

Hamburg, ca. 1999. Luisa (3) und ihr Vater Harry Neubauer.

Hamburg, ca. 1990. Mit der Friedensinitiative Rissen wurde 20 Jahre lang Hilfe für Menschen in St. Petersburg organisiert.

Hamburg, 1991. Friedensmarsch gegen den Golfkrieg, Dagmar kommt mit Hut und Handtasche.

Nürnberg, 2007. Dagmar spricht bei der Aktionärsversammlung von Adidas über Menschenrechte und faire Löhne.

Göttingen, Dezember 2018. Fridays For Future startet in Deutschland.

Hamburg, Frühjahr 2020. Zehntausende kommen zum Klimastreik vor der Bürgerschaftswahl. Greta Thunberg auch.

Berlin, Frühjahr 2022. Ein halbe Million Menschen kommen zur Friedensdemonstration wenige Tage nach der russischen Invasion.

Hamburg, 2021. Fahrrad-Klimastreik mit Fridays For Future.

Hamburg, 2022. Auf der Küchenbank.

Hamburg, 2022.
Das letzte Kapitel ist
geschrieben.

bei sich liegen, darüber hat sie mit Bleistift geschrieben *vor 30! Jahren – und was hat sich seitdem verändert?*

1992 kommen schon *Die neuen Grenzen des Wachstums*, von Dennis Meadows und Co. raus, 1994 veröffentlicht Franz Alt *Die Sonne schickt uns keine Rechnung*. In den unzähligen Büchern aus diesen Jahren wird minutiös beschrieben, wie man aus fossilen Energien aussteigen, wie eine rapide Energiewende umgesetzt werden kann, wie Ökonomien wie die der Deutschen auf einen nachhaltigen Pfad kommen können. Die Informationen sind da, Organisationen und Umweltgruppen wie die meiner Großmutter probieren, sie in die Breite zu tragen, Flyer über Flyer. Sie sprechen bei Aktionärsversammlungen der Hamburger Elektrizitätswerke, stellen einen Gegenantrag nach dem anderen, um die Energiewende voranzubringen.

»Sonne, ja bitte – Wendeszenen für eine zukünftige Energieversorgung«, heißen diese Veranstaltungen, die meine Großmutter mit ihrer Umweltgruppe organisiert, das hier ist ein ganzes Wochenendseminar im April 1997.

In den 90er- und Nullerjahren ist meine Großmutter fast täglich auf Veranstaltungen. Gelegentlich trifft sie unter anderem einen jungen aufstrebenden Hamburger namens Olaf Scholz, dem sie mit einem »Aus dir wird noch mal was« auf die Schulter klopft. Die Boomer-Generation ihrer Kinder geht derweil ihrer Wege und wird Teil der emissionsintensivsten Generationen überhaupt. Ihre Kinder finden eigene Themen, wenden sich der Friedensbewegung zu, oder auch der Umweltbewegung, aber spätestens wenn es im Berufsleben oder mit eigenen Kindern losgeht, muss man rein in das System, was »Richtiges« machen. Alles geht wieder von vorne los.

»Und dann, auf einmal, standen wir zusammen auf den Demos. Es war so hoffnungsvoll, dass ihr jungen Menschen euch empört«, sagt meine Großmutter. Es sind vor allem die Älteren, die anfangs direkt mit auf die Straße gehen, als Fridays for Future anfängt zu demonstrieren. Auf Demos treffe ich immer wieder auf »Omas gegen Rechts«, Frauen, deren Eltern oder Großeltern noch persönlich den Faschismus erlebt haben. Es sind die Alten und die Jungen, die sich hier verabreden. Vielleicht, weil sie weniger zu verlieren haben als die Generationen zwischen uns. Wir müssen keine Angst haben, radikale Veränderungen einzufordern. Es sind vor allem die Boomer zwischen uns, die überproportional in Machtpositionen vertreten sind, sich dort eingerichtet haben, die in so großen Zahlen meinen, vom Status Quo zu profitieren, dass er im Zweifel in all seiner ökologischen Zerstörung lieber beschützt als infrage gestellt wird.

Von 1990 bis 2020 sinken die Emissionen in Deutschland zwar um vierzig Prozent, global gesehen steigen sie aber um sechzig Prozent. Länder wie Deutschland exportieren Emissionen in alle Welt, insbesondere in Länder wie China, wo nun in Fabriken deutsche Importprodukte hergestellt werden. Klimaziele werden 2020 knapp erreicht, allerdings sind sie so niedrig gesteckt, dass sie nicht ausreichen, um unseren gerechten Beitrag zur Verlangsamung der Klimakrise zu leisten. Von den neun planetaren Grenzen, die gemeinsam einen sogenannten »sicheren

Handlungsspielraum« für die Menschheit auf der Erde definieren, wie »Süßwasserverbrauch« oder »Versauerung der Ozeane«, sind sechs im Jahr 2022 bereits erreicht oder überschritten. Die Plastikverschmutzung nimmt so weit zu, dass Mikroplastik in Lungen von Menschen und erstmals in der Antarktis gefunden wird.

In der Schweiz gibt es heute die »Klimaseniorinnen«, Frauen über siebzig, die gerichtlich gegen die Klimakrise vorgehen. Sie argumentieren, mit ihrem Alter etwa von Hitzewellen überproportional gesundheitlich betroffen zu sein. Ein Vorbild für sie ist eine Klimaklage aus den Niederlanden. 2020 haben wir uns als junge Menschen auch in Deutschland zusammengetan, sind vor das Verfassungsgericht gezogen und haben ebenfalls mit unserem Alter argumentiert: Von der Untätigkeit der Regierung sind wir als junge Menschen ebenfalls überproportional betroffen. Denn wir werden eine längere Zeit in die Zukunft hinein leben, die, wenn nicht massivst interveniert wird, immer katastrophaler wird.

An einem verhagelten Nachmittag in Berlin treffe ich sie dann doch. Auf einer Demo vor dem Willy-Brandt-Haus: Mütter und Väter, Boomer und Millennials mit ihren Kindern.

Was hatte sie hergebracht? Es waren die Kinder in den Familien, die anfingen, ihre Eltern zu nerven. Die rechtzeitig da waren, als man auf dem besten Wege war, vor lauter Beschäftigt-Sein, Stress, Karriere und Betreuung die Welt aus den Augen zu verlieren. Es waren so oft die Kinder, die anfingen zu hinterfragen, warum geflogen wurde, warum es Fleisch gab – und vor allem, warum man noch nicht bei einer Demo gewesen war. Und irgendwann gingen den Eltern die Ausreden aus. Und da waren sie. Wir machen ein Foto zusammen, für meine Großmutter.

Fossilität

Eine holzverkleidete Gaststube im Salzburger Land. Ich bin auf einem Landhof eingeladen, um über das Klima zu sprechen. Ich schaue in gepflegte Gesichter. Gesichter von Menschen, die schon eine Reihe an Kontinenten bereist haben, die gebildet sind, die mindestens eine Tageszeitung abonniert haben. Sie kommen überwiegend aus der Generation meiner Eltern. Sie mustern mich, ich sie auch. Die Felder rings um den Hof sind abgeerntet, auf ihnen die fertig gepressten Heuballen.

Wir sprechen über den Klimakollaps, ich erzähle, dass die Hälfte der globalen Emissionen seit 1980 ausgestoßen worden sind, also in einem Zeitraum, in dem der globale Norden, der Hauptverursacher, bestens informiert war über die Unvereinbarkeit dieser Emissionsmengen mit dem Versprechen, den Planeten in einem halbwegs bewohnbaren Zustand zu belassen.

Selbst wenn man noch die Jahre um die Wende abgewartet hätte, wären von 1990 bis 2020 wertvolle dreißig Jahre Zeit gewesen, um den ökologischen Kollaps zu verhindern.

Stattdessen sind es diese dreißig Jahre, in denen die Graphen des CO_2 in der Atmosphäre, des Methanausstoßes, der globalen Durchschnittstemperatur, der arktischen Eisschmelze vertikal nach oben schnellen.

Draußen zwitschern Vögel, Wolken ziehen vorbei.

Dann ist Fragerunde in der Stube des Landgasthofs. Ich werde gefragt, ob wir vielleicht nicht anders könnten, als immer mehr zu emittieren, vielleicht sei man einfach nicht dazu in der Lage, es anders zu machen? Eifriges Nicken in der Runde. »Die Leute machen doch immer weiter.« Der Moderator schließt an, dass er vermutet, wenn er meine Einschätzung so hört, dass es ohnehin zu spät ist. Ein anderer: »Ja, die Menschheit ist das Problem.« Ernstes Nicken.

In mir platzt etwas. Ihr wart doch alle dabei.

Sehr geehrter Herr Hannemann, schreibt meine Großmutter, es ist 1992.

Sie schreibt der *AUTO WELT*, die hatte ein neues Auto vorgestellt. Genau genommen einen BMW CSi, 380 PS. In dem Artikel dazu erfährt man, dass man mit diesem Auto 250 km/h fahren kann, auf der Autobahn, und »auch auf kurvenreichen Passstraßen, wo das ausschließlich installierte Sechsganggetriebe den Piloten jetzt auch zu sportlichen Übungen animiert.« 180 000 Mark soll das Auto kosten. Meine Großmutter markiert diese Sätze im Artikel mit einem grünen Marker, dann schreibt sie:

> *Seit langem frage ich mich, mit welchen Summen ein Redakteur wie Sie von der Automobilindustrie korrumpiert sein muß, um wider besseren Wissens und Gewissens immer wieder solche den Autowahn weiterhin hochkitzelnden, unsinnigen Artikel zu schreiben?*

Ich hoffe, der Mann hat trotz des drastischen Einstiegs weitergelesen, denn dann schreibt sie:

> *Stellen Sie sich doch mal vor: Jeder Mensch, der sich einen von Ihnen angepriesenen, teuren Wagen leisten kann, würde nur halb so viel Geld für ein Fahrzeug ausgeben und mit weniger PS weniger und langsamer, d.h. umweltschonender und menschenfreundlicher fahren, und würde das übrige Geld z.B. in eine Sonnenenergieanlage investieren …*

Anfang der 90er sind alle Türen offen. Alles boomt, Deutschland im Taumel der Wiedervereinigung, alles ist drin. Wenn man das Geld hat, kann man Autos im Wert von 180 000 Mark produzieren (und verkaufen), aber eben auch den eigenen Strom auf dem Dach produzieren. Meine Großmutter entscheidet sich für thermische Anlagen auf dem Dach. Als ich ihren Schreibmaschinenbrief lese, möchte man Dagmar aus 1992 fast in den Arm nehmen, angesichts dessen, was da noch auf sie zukommen wird.

Der Brief endet mit der witzelnden Bitte, *doch wenigstens für die Wahl des Drittautos eine Umwelt-Check-Liste* zu veröffentlichen, damit nicht noch mehr *ahnungslose (aber umweltbewusste) WELT-Leser mit einem Landrover die Brötchen holen.*

Auch hier muss ich schlucken, ich weiß, dass man schon sehr lange die gleichen Fragen bespricht, aber SO lange? Vielleicht ist es die eigene Klasse, die vielen Privilegien, die ihr nicht behagen, in jedem Fall sieht meine

Großmutter die Verantwortung in diesen Tagen – und auch in den kommenden Jahrzehnten – bei den relativ Privilegierten. Problematisch sind nicht diejenigen, die in relativ kleinen Autos zur Arbeit pendeln, sondern diejenigen, die – einfach nur weil sie es können – große, teure Autos kaufen, mit unverhältnismäßigen ökologischen Kosten. Das Auto, ein Sinnbild für den Klassismus der Klimakrise: Verursacher sind vor allem die Reichsten, die sich die 180 000 Mark teuren Autos leisten können, die Schäden bekommen als allererstes die Ärmsten ab – die wohnen nämlich tendenziell an den lauten Straßen, wo Mieten oder Bodenpreise günstiger sind und die großen Autos längs dröhnen, Lärm machen, Feinstaub hinterlassen und dann in den Garagen in den gut situierten Vororten einparken. So schön sieht Unrecht aus.

In diesen Jahren verfasst meine Großmutter auch ein Konzept zur gemeinschaftlichen Finanzierung von Photovoltaik auf Schuldächern, das zeigt sie dem Installateur ihrer Anlagen, der wiederum zeigt es einem befreundeten Physiklehrer, der ist begeistert. *Frau Reemtsma, ich bin Ihr Partner!*, schreibt er meiner Großmutter in einem Brief. Wenige Jahre später hat die erste Hamburger Schule Photovoltaik auf dem Dach. Die Technologie ist da, das Wissen ist da, alles ist möglich.

Als ich die vielen Briefe, die sie in den nächsten dreißig Jahren schreibt, lese, denke ich ab und zu, dass es auch etwas Unstrategisches hat, wie sie sich einsetzt. Einen Tag schreibt sie der *AUTO BILD*, dann dem Senat der St.-Petri-Kirche in Hamburg, ein anderes Mal der Familienministerin in Niedersachsen, damals ist das Ursula von der Leyen. Ich denke auch: *Damn it*, hätte sie einen Twitter-Account gehabt, wäre sie damit ganz schön groß geworden.

In den 90er-Jahren sind die ökologischen Krisen vollumfänglich erforscht, 1988 war merklich das wärmste jemals gemessene Jahr gewesen, im selben Jahr wirbt Präsident Bush im Wahlkampf damit, vor dem »Greenhouse Effect« keine Angst zu haben, denn man könne mit dem »Whitehouse Effect« gegenhalten. Umweltministerin Angela Merkel wirbt Anfang der 90er im Fernsehen für die Mülltrennung, 1992 findet der Rio-Gipfel statt, der erste UN-Umweltgipfel. Es offenbaren sich auch Alternativen zur Klima- und Umweltbelastung. Während die *WELT* den 180 000-Mark-Benziner bewirbt, stellt Greenpeace 1996 das Drei-Liter-Auto vor, während Kohlekonzerne expandieren, sinkt der Preis für Solaranlagen rapide.

Dreißig Jahre später wird die *TIMES* aus den USA über diese Zeit sagen, dass in den 1990ern der Kampf um die Klimakrise erstmals verloren wurde. Denn während gerade in den USA die Klimakrise in den 1980ern noch überparteilich Thema war, wird es in den 90ern zunehmend parteiisch. In Deutschland tritt dieser Effekt verzögert ein, aber auch das ist hier sichtbar. Während gerade Konservative wie Klaus Töpfer sich das Thema zunächst zu eigen machen, was durch die Idee des Schutzes der Schöpfung auch naheliegt, wird es zunehmend ideologisiert, sich mit dem Erhalt der Lebensgrundlagen und dem Schutz des Klimas zu beschäftigen. Und dazu kommen zwei weitere Dimensionen, die meine Großmutter immer wieder anprangert: die Industrie und ihr Marketing, das die Fossilität überhöht und ökologische oder soziale Kosten nicht benennt. Und: Menschen in Vorbildfunktionen, die diese Überhöhung vorantreiben. Die Logik dahinter ist simpel: Damit Gesellschaften – und vor allem die Wohlhabendsten – aus der Spirale eines fossilen Wachstums herauskommen, braucht es Aufklärung über die Missstände hinter dem Wachstum, Gesetze für die Industrien, Vorbilder, dic vorangehen, und Alternativen. Man stelle sich vor: Diese Überlegungen hat meine Großmutter Anfang der 90er-Jahre, zu dem Zeitpunkt hätte man ganz gemütlich pro Jahr wenige Prozent Emissionen reduzieren können, und wäre im Jahr 2050 ganz entspannt bei null angekommen.

Stattdessen aber beginnt eine neue Phase der Fossilität, globalisiert, billiger denn je, und unfassbar gut vermarktet. Der Plan meiner Großmutter, mit guter Aufklärung Menschen zum Umdenken zu bewegen, wird von der Werbeindustrie überrollt.

Ein Brief aus 2006, gut zehn Jahre nach ihrer Aufregung über die *AUTO WELT*, an die Gemeinde St. Petri in Hamburg. Die Kirche war zu dem Zeitpunkt in der Sanierung und hatte am Gerüst eine hohe H&M-Werbung hängen. In meiner Großmutter löst das einen »tiefen Schock« aus, sie schreibt:

> *Allgegenwärtige Werbung mit der Aufforderung, immer mehr zu konsumieren, entwickelt sich zum Gigantismus unter Zuhilfenahme eines großen Kirchengebäudes.*

Dazu dann die Zahlen: Die 400 Millionen Kleidungsstücke, die H&M jährlich produzieren ließe, würden weitgehend unter miserablen Bedingungen mit extrem niedrigen Löhnen hergestellt. Sie verweist auf die Clean Clothes Campaign, die sie zu dem Zeitpunkt aktiv unterstützt. Die Organisation versucht, große Textilkonzerne dazu zu bewegen, menschenwürdige Standards in den Billiglohnländern einzusetzen. Soziale Fragen lassen sich nicht von ökologischen trennen.

Der Deal mit St. Petri kommt mir wie ein moderner Ablasshandel vor. Aber an der schwächsten Stelle – bei den Arbeiterinnen, deren Lohn und Arbeitsbedingungen – wird auch heute noch extrem gespart, so dass in vielen der 900 Zulieferbetriebe kaum das Existenzminimum der Beschäftigten gesichert ist.

Auf ihr Schreiben bekommt sie keine Antwort, also startet sie einen offenen Brief. Zentral ist dabei der Hinweis auf den Widerspruch, auf der einen Seite Werbung für Produkte mitzutragen, die in ihrer Logik als Fast-Fashion mittelfristig irreparable ökologische Schäden und soziale Verwerfungen mit sich bringen, und auf der anderen Seite der Auftrag »für uns als Christen« für die Bewahrung der Schöpfung einzustehen. Warum könne man, statt Geld mit Werbung einzunehmen, nicht für die Restaurierung Spenden sammeln oder die Stadt einspannen? Sie schreibt: *Zugespitzt sponsern unterbezahlte Arbeiterinnen an der Nähmaschine für die Sanierung einer Kirche in einer der reichsten Städte Deutschlands.*

Der Brief ist mit *einigermaßen fassungslosen Grüßen* gezeichnet.

Meine Großmutter ist zu dem Zeitpunkt in diversen Organisationen engagiert, sie beschäftigt sich mit den Arbeitsbedingungen der Näherinnen in Bangladesch, mit der Energiewende in Deutschland. Sie reist nach Ostafrika und Indien, um Solarprojekte und Entwicklungszusammenarbeit zu unterstützen, später sitzt sie jahrelang im Verwaltungsrat der Kindernothilfe. Und überall sieht sie: Es geht nicht auf.

Die Wohlstandsvorstellungen der reichsten Teile der reichsten Gesellschaften können materiell gesehen nicht auf nachhaltige Art und Weise befriedigt werden. Die Lebensweise, die sich in diesen Tagen herausbildet, produziert ununterbrochen ungedeckte Kosten. Durch soziale Missstände oder durch Umwelt- und Klimabelastungen.

Jeden Mittwoch steht sie in einem (Eine-)Welt-Laden an der Kasse, um zu beweisen, dass es auch anders geht. Der Soziologe Ulrich Brand nennt das, was in weiten Teilen des globalen Nordens immer extensiver praktiziert wird, »imperiale Lebensweise«.

Wohlstand, der ohne die anhaltende Ausbeutung der Umwelt und dessen, was meine Großmutter »Dritte Welt« nennt, nicht vorhanden wäre. Wenn meine Großmutter Dritte Welt sagt, zucke ich immer leicht zusammen, hier sensibilisierte mich die Schule rechtzeitig dafür, dass das im Kern ein imperialistischer Begriff ist. Im Laufe der Zeit, die meine Großmutter beim Laden aushalf, hatte er drei verschiedene Namen: Dritte-Welt-Laden, Eine-Welt-Laden, Welt-Laden. Der US-amerikanische Politologe Michael Parenti kommentiert schon 1986 die Länder des sogenannten globalen Südens mit den Worten: »these countries are not under-developed, they are over-exploited.«

Firmen geben währenddessen immer bereitwilliger hohe Summen für Marketing und Werbung aus, und es verfehlt seine Wirkung nicht.

Obwohl man über die Ausbeutung von Natur und globalem Süden sehr gut Bescheid weiß, treibt man es immer weiter, lässt sich von Werbung berieseln und konsumiert. Bis am Ende alle eifrig nicken, wenn erklärt wird, Wachstum sei notwendig, um Arbeitsplätze und Wohlstand zu schaffen, und gegen beides dürfe man nichts sagen, denn was sei besser, harmloser und wichtiger – gerade für den globalen Süden – als Wohlstand und Beschäftigung?

Was macht es mit einer Gesellschaft, die keine Zeitung mehr aufschlagen kann, keinen öffentlichen Platz betreten oder keine Bushaltestelle nutzen kann, ohne mit Werbung konfrontiert zu werden? Was heißt es für die ökologischen Krisen, dass Absätze nicht in die Breite, sondern vor allem in die Höhe wachsen, wenn es nicht sehr vielen etwas besser geht, sondern nur einigen sehr viel besser? Wenn das Versprechen nach mehr Wohlstand nur durch mehr Ausbeutung des globalen Südens erreicht werden soll? Wenn es kaum eine Institution gibt, die mit ansatzweise vergleichbaren Budgets für Nachhaltigkeit und Bescheidenheit werben kann?

Im Jahr 2007, 15 Jahre nach ihrem ersten Brief, schreibt

meine Großmutter wieder, diesmal an die Tageszeitung *WELT*. Ein Redakteur hatte in einem Artikel ein neues Modell von Mercedes bewertet.

BETREFF: Mit Sterngefunkel in die Klimakatastrophe

Das kann doch wohl nicht wahr sein. Eine grauenhafte Monstervisage (damit meint sie das Auto) *und ein Jubelgesang über mehrere Millionen zukünftiger Klimakiller und Ressourcen-Verschwender!!!* (ja, alle drei Ausrufezeichen stehen da.)

Und weiter:

Da redet man endlich mit jahrzehntelanger Verspätung weltweit über die Gefahren des Klimawandels und jetzige und zukünftige Verteilungskämpfe um abnehmende Ölvorräte, über die Notwendigkeit drastischer Energieeinsparmaßnahmen besonders im Verkehr – und WELT KOMPAKT wirbt zu gleicher Zeit mit Sterngefunkel für ein brandneues Modell der Mittelklasse mit bis zu 272 PS, bei dem es der Spitze der deutschen Automobilindustrie gelungen ist, eine Reduzierung des durchschnittlichen Spritverbrauchs (wie hoch der ist, wird nicht verraten) um 0,3 Liter zum Vorgängermodell zu bewerkstelligen. Na – bravo!

Franz Alt hat bereits 1995 einen TV-Film produziert zu dem Thema: »Die Klimakatastrophe – Sind wir noch zu retten?« schreibt sie weiter an die *WELT*. *Sie tragen mit diesem*

Artikel mit dazu bei, dass wir wirklich nicht mehr zu retten sind.

Es wird in diesen Jahren immer deutlicher, dass die Umwelt- und Klimapolitik von der Industrie auf verschiedenste Weise konterkariert wird, dass die Medienwelt immer stärker von der Werbung fossiler Industrien abhängig ist und die Politik sich diesem Diktat immer stärker ergibt oder es sogar aktiv unterstützt.

> *Nach der mühsamen Einführung des Katalysators haben die deutschen Autohersteller absolut verantwortungslos agiert und produziert, und Herr Verheugen* (der damalige EU-Kommissar für Industrie) *sorgt gerade in Brüssel dafür, dass es auch in Zukunft so bleiben wird.*

Zu dem Zeitpunkt wird die EU-Klimaschutzstrategie für Autobauer verhandelt, Günter Verheugen ist als zuständiger EU-Kommissar in einer Schlüsselposition. Meine Großmutter würde Recht behalten, zehn Tage nachdem sie ihren Leserbrief im Januar 2007 abschickt, schreibt das *Manager Magazin*: »Autobauer können aufatmen. Die EU-Kommission hat eine entschärfte Version ihrer Klimaschutzstrategie für Autos beschlossen. Sie kommt damit der Bundesregierung und den Herstellern entgegen.«

Die *WELT* druckt ihren Leserbrief, und schreibt darunter: »Anmerkung der Redaktion: Wir wollen niemanden bevormunden. Die Entscheidung hat immer noch der Autokäufer.«

Meine Großmutter schreibt der *WELT* noch mal.

BETREFF: Es geht um Aufklärung, nicht um Bevormundung.
Noch mal zum Mercedes. Zugegeben – es hat mich überrascht, dass Sie meinen vorwurfsvollen Leserbrief ungekürzt abgedruckt haben. Das ist anerkennenswert. Zu Ihrer Anmerkung: Es geht nicht um Bevormundung, sondern um Aufklärung. Nur aufgeklärte, gut informierte Menschen können richtige Entscheidungen treffen. Wer aber hat die Verantwortung, aufzuklären? Dazu gehört in diesem Falle die Information, dass das neue Mercedes-Modell 160 Gramm CO_2 *pro Kilometer ausstößt, obgleich die deutsche Automobilindustrie mit einer freiwilligen Selbstverpflichtung 140 Gramm bis zum nächsten Jahr erreichen wollte.*

Auch dieser Brief wird abgedruckt. Knapp ein Jahr zuvor hatte Al Gore mit »Eine unbequeme Wahrheit« weltweit Aufmerksamkeit auf die Klimakrise gelenkt. Aber wie soll ein Film ankommen, oder die Mühen von Umweltorganisationen, die Leserbriefe von Menschen wie meiner Großmutter gegen die omnipräsente Vermarktung von immer mehr ökologischer und sozialer Überlastung?

Es ist bis heute ein gängiges Argument seitens Industrievertreter:innen und auch seitens der Politik: Die Leute kaufen es ja, wollen es ja, machen ja auch mit. Immer mehr Autos, immer mehr Flugreisen, immer mehr Verschwendung, ergo immer mehr ökologische Krise. Und wenn man sich die Zahlen anguckt, stimmt das auch.

Die Frage ist nur a) warum ist das so? Und b) was muss passieren, damit sich das ändert?

Wiederum rund zehn Jahre später, im Mai 2019, sitzt der damalige Ministerpräsident Nordrhein-Westfalens in einer Talkshow und ruft etwas ratlos in die Runde »aus irgendeinem Grund ist ›das Klimathema‹ auf einmal ein weltweites Thema geworden!« Zu dem Zeitpunkt organisiert Fridays for Future bereits seit einem halben Jahr Klimastreiks weltweit, immer wieder kommen Hunderttausende Menschen auf die Straßen.

In den vierzig Jahren zwischen 1980 und 2020 wird die Klimaforschung immer klarer, umfassender, die Rhetorik der Klimaberichte dramatischer, die Warnungen der UN-Generalsekretäre heftiger, die Reaktion der weiten Bevölkerung bleibt – mit wenigen Ausnahmen – aus. 2006 etwa warnt der Chef der UN, Kofi Annan, davor, dass die Klimakrise wirtschaftliche Kosten in Höhe der zwei Weltkriege und der Wirtschaftskrise der 1920er mit sich bringen könnte. Auch große Umweltorganisationen, wissenschaftliche Einrichtungen, ökologische Parteien arbeiten unermüdlich, doch die Resonanz in der gesellschaftlichen Mitte und den politischen Machtzentren liegt etwa bei Null. Kaum jemand verhält sich so, als seien wir auf dem besten Wege, die lebenserhaltenden, ökologischen Systeme der Welt so sehr aus dem Gleichgewicht zu bringen, dass sie sich möglicherweise nie wieder einpendeln. Irreversibilität nennt man die hyperbedrohliche Dimension dieses Prozesses.

Im Brief an die *WELT* im Jahr 2007 schreibt meine Großmutter am Ende:

Statt über Emissionen zu sprechen, spricht Herr Dr. Zetsche (zu dem Zeitpunkt Vorstandsvorsitzender der Daimler AG) *lieber über die gelungene Synthese von Komfort und Agilität und lässt das Fahrzeug auf der Leinwand wie einen Kometen durch schöne, unberührte Landschaften rasen.*

Sie sieht genau, was da gemacht wird. Man kennt die Werbespots der Autos auf den schmucken Straßen, man denkt sich, ja, so muss sie sein, die Freiheit. Nicht im Bild: die Anwohner, der Lärm, der Feinstaub, die engen Städte, die Parkplatzsuche, die Kinder, die aus den Autos selbst kaum gesehen werden können, die feinstaubbelastete Umwelt, die verschreckten Tiere, die Klimafolgen an anderen Orten der Welt.

Aber was, wenn die Leute darauf hereinfallen?

Ich kenne in dieser Zeit, also den frühen Nullerjahren, kaum jemanden, der sich ernsthaft »Sorgen« um die Umwelt, geschweige denn um das Klima macht. Meine Großmutter, natürlich, und mein Biolehrer, aber auch das gehört irgendwie dazu. In meiner Schule weiß man, dass ich die mit dem Öko-Dings bin, ich habe ein Fairphone, ich finde Plastiktüten blöd, ich esse kein Fleisch. Man gesteht mir diese Art seichten Umweltbewusstseins zu und akzeptiert mich, da ich ja immerhin abends im Park ganz toll viel Bier trinken kann und verlässlich gut Fußball spiele. Es ist nicht so, als würde ich mich sozial aus dem Fenster hängen, andere verstehen was von Mode, ich eben was vom Klima.

Die Klimakrise ist ein Thema von vielen, wenn überhaupt, das sagt uns auch die Schule. Neunzig Minuten Treibhauseffekt im Geographieunterricht, tja, da stimmt wohl was nicht mit der Welt. Am Ende der Stunde geht es darum, »was wir tun können«, die Vorschläge sind Mülltrennung und LED-Lampen nutzen. Dann klingelt es, große Pause, nächste Woche machen wir neunzig Minuten lang Vulkane. Nichts an diesem Setting impliziert, dass wir es womöglich mit einem grundsätzlichen Problem zu tun haben. Die Klimakrise findet außerhalb des Klassenzimmers nicht statt. Alles an meinem Umfeld signalisiert mir, dass ich schon mehr tue als erwartet, dass schon eine Meinung zu erneuerbaren Energien zu haben, eine großmütige Zusage an Mutter Erde sei.

Ich nehme an einem Debattierwettbewerb teil, in der Vorrunde geht es um die Frage »Sollte Fracking in Hamburg verboten werden?« Ich kenne niemanden, der schon mal was von Fracking gehört hat, außer meine Großmutter. Die wettert natürlich schon seit Jahren über diese Methode, bei der unter hohem Druck ein Gemisch aus Wasser und Sand und Chemikalien in den Boden hineingepumpt wird, um Erdgas aus schwer erreichbaren Gesteinsschichten frei zu sprengen.

Wer welchen Standpunkt vertritt, wird gelost. Ich soll gegen Fracking argumentieren und gewinne. Damals finde ich die Fragestellung etwas absurd, wenn man sich die Fakten anguckt, ist doch recht offensichtlich, dass das keinen Sinn ergibt, ökologisch nicht und ökonomisch nicht – zehn Jahre später fordert der bayerische Ministerpräsident Markus Söder Fracking »ergebnisoffen« zu prüfen. Als ich das höre, fühle ich mich wie meine Großmutter: »Wir haben schon vor zehn Jahren gewusst, dass das Quatsch ist.«

Das Billigfliegen wird derweil omnipräsent. Von 2010 auf 2011 verdoppelt der Fluganbieter EasyJet seinen Gewinn, der Anteil an Billigflügen in Europa wächst rasant. Erste Freunde von mir fliegen »über das Wochenende« weg, ich irgendwann auch, zu meiner Schwester etwa, die lebt in London. Hin und zurück für vierzig Euro. Mit meiner Großmutter fliege ich zu einer Preisverleihung nach Stockholm. Wenn man einen sehr guten Grund hat, dann versteht das Klima das sicher.

Mir fällt nicht auf, wie es an diesen Tagen clasht – mein wachsendes Wissen über die ökologischen Missstände auf der einen Seite und die neuen Möglichkeiten, mehr und mehr zu den ökologischen Missständen beizutragen, auf der anderen Seite. Unbewusst suche ich einen Umgang damit, wahlweise a) Verdrängung (jung sein ist anstrengend, wir haben ja auch viele andere Sorgen), b) das Problem dann wahrzunehmen, wenn ich selbst gut dabei wegkomme (Plastiktüten finde ich besonders schlimm, die nutzte ich auch nicht), c) gute Gründe für den Konsum zu finden, der schon damals das übersteigt, was ökologisch tragfähig ist (nach meinem Abitur fliege ich für ein paar Tage nach Paris, die Umwelt wird das schon verstehen.)

Als ich 16 bin, überreden mich meine Eltern, einen Führerschein zu machen. Sie finden es praktisch. Die Fahrstunden finde ich schrecklich, meine Fahrlehrerin ist HSV-Fan, ich bin St.-Pauli-Fan, wir streiten uns jede einzelne Stunde. Als ich den Führerschein dann endlich habe, entscheiden meine Freundin und ich, dass wir einen Roadtrip machen wollen, im Sommer nach dem Abi. Bis runter nach Spanien wollen wir, in ihrem kleinen, alten Auto, ungeeignet für die Strecke, ohne Klimaanlage. Meine Eltern sind entgeistert, meine Großmutter sowieso. Wieso will ich das unbedingt?

Es ist sicherlich ein bisschen Teenie-Rebellion. Und auch ein Symptom von etwas, was man als »Fossilität« beschreiben kann.

Es ist mehr als eine Abkürzung für fossile Energien, viel mehr. Wenn der Begriff Patriarchat, sehr verkürzt, die Übermacht des Männlichen über alle anderen Geschlechter beschreibt, dann beschreibt der Begriff Fossilität die Übermacht fossiler Energien über alle anderen Energien. Diese Übermacht ist keine rein politische oder wirtschaftliche Macht. Es ist auch eine kulturelle, historische, emotionale Macht.

Diese Macht drückt sich zum Beispiel in großen Mengen Steuergeld aus. In Deutschland wird die fossile Industrie mit etwa siebzig Milliarden Euro pro Jahr subventioniert. Fossilität heißt auch: Kaum etwas wird so bereitwillig und konsequent finanziert, wie fossile Energien und ihre Infrastruktur. Im Jahr 2020 investierte der Bund etwa 14 Milliarden Euro für den Bau von Straßen, nicht einmal 400 Millionen davon wurden für Fahrradinfrastruktur bereitgestellt. Jedes Jahr produziert der Kohlekonzern RWE Umweltschäden im Wert von etwa 50 Milliarden Euro in Deutschland, noch nie mussten sie das entschädigen. Für den Kohleausstieg zahlte man, neben Geldern für den Strukturwandel, sensationelle 4,35 Milliarden Euro Steuergelder direkt an die Kohleunternehmen, inklusive RWE. Keinem Unternehmen würde man erlauben, jahrzehntelang ihren Dreck und Schäden auf die Gesellschaft abzulagern und dann noch Geld hinterherschmeißen, wenn ihr Produkt keinen Absatzmarkt mehr findet. Wenn Nokia ihre Telefone oder SK ihre Videokassetten nicht mehr verkaufen können, dann haben sie Pech gehabt. Wenn ein Kohlekonzern die eigene Kohle nicht mehr loswird, bekommt er Steuergelder.

Erneuerbare Energien hingegen können davon nur träumen, durch die vielen politischen Blockaden sind zwischen 2000 und 2022 über 130 000 Jobs in der Windbranche und über 100 000 Jobs in der Solarenergie verloren gegangen.

Solche Dinge lassen sich nicht ökonomisch rechtfertigen, oder finanzpolitisch, umweltpolitisch schon gar nicht. Sie sind nicht per se plausibel, erklärbar nur durch ein Gewirr von Lobbyverstrickungen und fossilen Verträgen, Parteipolitik und Gewohnheit, getränkt in einem gefährlichen Hang zu fossiler Sentimentalität.

Fossilität heißt auch: Die Maßstäbe stimmen nicht. Ich sitze mit meiner Großmutter in ihrem Garten, alle drei Minuten rauscht ein Flugzeug über unsere Köpfe. Für diese Zeit ist es unmöglich, sich zu unterhalten. »Niemand hat uns gefragt, als der Flugplatz ausgebaut wurde!« Sie sagt »Fluchplatz«, es passt. »Bei jedem Windrad wird ein Riesentheater gemacht, aber bei Einflugschneisen und Autobahnen und so weiter?«

Fossile Infrastruktur ist selbstverständlich, umweltfreundliche muss sich beweisen. Diese Paradoxie hat auch dazu geführt, dass Menschen, die über problematische Aspekte von E-Autos lesen, daraufhin gern erklären, dass Verbrenner-PKWs dann doch nicht SO schlecht wären, statt festzustellen, dass Autos aktuell unterm Strich grundsätzlich nicht nachhaltig sind.

Hohe Ansprüche auch an ökologische Innovationen zu haben, ist gut, nur funktioniert es nicht, wenn für fossile Infrastruktur nicht dieselben gelten. Ein Windrad hält man in vielen Teilen Deutschlands mit 1000 Metern Abstandsgrenzen von Häusern fern, Kohlebagger dürfen Häuser bis heute wegbaggern. Würde man der fossilen Förderung von Straßen, Parkplätzen, Einflugschneisen und so weiter mit der gleichen Rigorosität und Vorsicht begegnen wie Windrädern oder autofreien Innenstädten, es sähe alles ganz schön anders aus.

Ich möchte also einen Roadtrip machen, keine Interrailfahrt, dabei wäre Interrail günstiger und sicherer.

In der Fossilität ist Rationalität untergeordnet, wenn die Rationalität gegen eine fossile Option spricht, gewinnt nicht die Rationalität sondern die fossile Option. Da praktisch jeder Teenie-Hollywoodfilm, den ich bis zum Abitur geguckt habe, mir zeigt, wie wahnsinnig frei und glücklich und schön es ist, einen Roadtrip zu machen, mit lauter Musik und der tanzenden Hand aus dem Beifahrerfenster, dann will ich das auch. Und es ist natürlich kein Zufall, dass Hollywoodfilme praktisch nie ohne wohlplatzierte Autos auskommen. Werbedeals und fehlende Bahn-Infrastruktur in den Staaten sorgen dafür.

Jeder Film ist so auch ein bisschen fossile Werbeveranstaltung.

Dieser Werbeeffekt hat sich in anderen Kontexten übrigens schon als außerordentlich wirkungsvoll herausgestellt. Nachdem ein bekannter Nachrichtensprecher durch alkoholisiertes Autofahren gestorben war, wurde in den 1980ern mittels einer gezielten Strategie das Konzept des nüchternen Fahrers bei Partys propagiert – indem man entsprechende Charaktere in Hollywoodfilmen platzierte, Hosts von Late-Night-Shows dafür werben ließ usw. Es hat spektakulär gut funktioniert, innerhalb weniger Jahre sank die Zahl an alkoholisierten Unfalltoten um 25 Prozent.

Wütend macht mich nicht, was in den 50ern und 60ern oder 70ern gemacht wurde, wütend macht mich etwas anderes. Die Generation meiner Eltern ist es, die heute in überwältigender Mehrheit in Aufsichtsräten und Parteizentralen und Chefetagen vertreten ist, an die wir appellieren, politisch, wirtschaftlich umzusteuern. Bisher oft vergeblich. Die Generation trägt keine Verantwortung dafür, dass sie in Systeme reingewachsen ist, die ihre Eltern etabliert haben. Aber, dass sie diese Systeme heute nicht als Systeme erkennen, die man verändern kann und muss, sondern als gegeben verteidigen, das macht mich wütend.

Ihr wart dabei. Ihr habt das alles mitgemacht, möchte ich ihnen entgegenrufen. Ihr seid die Generation, der man so lange *Wachstum schafft Wohlstand* zum Einschlafen gesungen hat, bis es euch zu den Ohren rausgekommen ist. Natürlich ist der Menschen nicht per se ein Homo

Konsumensis, aber wenn man die Systeme um ihn herum, allen voran die Gesetze, aber auch die Kultur, die Freude, den Genuss auf Konsum ausrichtet und dieses Paradigma überall im öffentlichen Raum durch Werbung wiederholt, kann man die Fossilität nicht als Natur des Menschen hinstellen, sondern muss wenigstens eingestehen, dass es eine Kultur ist, die man selbst erst geschaffen hat und die es dringend zu ändern gilt.

Zurück in den Landhof. Nach der Diskussion in der Gaststube gibt es ein gemeinsames Essen, das hat in dem Haus Tradition. Nachdem ich neunzig Minuten über den ökologischen Kollaps und all seine Folgen und Gefahren gesprochen habe, nachdem ich, teilweise mit Engelszungen, probiert habe, die teuflische Dynamik unserer fossilen Kultur zu verdeutlichen und zu zeigen, das vieles daran einfach schlechte Gewohnheiten sind, kommt das Essen. Fünfzehnmal Schweinshaxe. Zweimal Spargel.

Verlieren

Mein Vater war nicht dabei, in der Gaststube im Salzburger Land. Er hätte wohl auch Schweinshaxe gegessen. Er ging immer spät aus dem Haus und kam spät wieder. Was er genau machte, wussten wir Kinder nicht. Er betreute die Bewohner:innen im Altenheim, er unterrichtete ein sozialwissenschaftliches Seminar an einem Institut der Universität, und zwischendrin? Wenn ich ihn fragte, was genau sein Job sei, sagte er nur: »Ich bin Soziologe.« Das sagte er mir, als ich sieben war, und das sagte er mir, als ich 17 war. Er machte was mit Menschen, blieb bei mir hängen. Im Nachhinein denke ich, dass er mit Soziologie eher ein Lebensgefühl meinte als einen Beruf. Er ging nachdenklich durchs Leben, »menschelnd«, wie er es nannte.

Als meine Eltern neu in das Viertel zogen, besuchten sie die Kirche, in der wir Kinder später getauft werden sollten. Meine Eltern wussten nicht, dass das Kirchenpersonal einen neuen Pastor erwartete, aber es überraschte meine Mutter kaum, dass das versammelte Personal meinen Vater für diesen Pastor hielt. Und nicht nur für einen Moment, sondern auch nach ausführlichen Gesprächen.

Mein Vater kam immer zu spät. Mein Bruder und ich

wussten genau, wie sein Auto klang, wenn es abends nach der Arbeit in unsere Straße einbog. Wir hörten es aus der Ferne und wussten, wie sein Schlüsselbund klingelte, wenn er ihn vor der Tür aus der großen, alten Jacke zog. Bis zuletzt hing an seinem Schlüsselbund ein glitzernder Scoubidou-Anhänger, den ich ihm geschenkt hatte. Mein Vater war jemand, der sich aufrichtig freute. Und als ich ihm den relativ hässlichen Anhänger an seinem Geburtstag präsentierte, wusste ich sofort, dass er ihn niemals verlieren würde.

Wenn wir meinen Vater auf den Stufen vor dem Haus hörten, rannten mein Bruder und ich sofort los, an die Tür, die lautstark aufgerissen wurde. In Sekundenschnelle waren wir auf seinem Arm. Das machten wir auch dann noch, als wir eigentlich schon zu groß waren – und sicher auch orthopädisch einiges dagegen sprach. Er küsste uns dann und lachte lauthals. Wenn mein Vater wollte, lachte die ganze Welt in seinen Armen.

Im Frühling nachdem ich mein Abi bestanden hatte, reisten mein Vater und ich nach Rom. Er interessierte sich für römische Geschichte, ich für Stadtgeographie. Als wir aus dem Zug stiegen, hinein in die Hitze, strahlten wir beide. Auf einem Markt kaufte er mir ein Kleid und sich ein Hemd, das dem eines katholischen Geistlichen ähneln sollte. Beides zogen wir abends an, als wir zum Essen gingen; der grauhaarige Mann im katholischen Hemd und die junge Frau an seiner Seite, wir lachten uns kaputt über die irritierten Blicke der Italiener. Dann stießen wir an, mit kaltem Bier, und lächelten beide, weil mein Vater alles, nur ganz sicher kein Heiliger war.

Er lebte für seine Kinder, er lebte für die Soziologie – vor allem aber: lebte er. Während langer Nächte machte er Musik mit Freunden, die Luft dick vom Zigarettenqualm. An den Wochenenden schaute er Fußball, zum Frühstück gab es Wurstbrötchen mit Filterkaffee und Kaffeesahne. Ein Leben lang träumt er davon, noch einmal ein größeres Auto zu fahren. Er summte und sang ununterbrochen, und an Weihnachten kaufte er selbst der Verkäuferin am Kiosk nebenan ein Geschenk. In jungen Jahren hatte er rasend viele Heiratsanträge bekommen.

Als mein Vater stirbt, liegt unsere Romreise kein volles Jahr zurück. Er stirbt an einem warmen Mittwoch im April 2016, mit sechzig Jahren. *Hey. Pa ist heute Nachmittag eingeschlafen, ganz friedlich,* schreibe ich an diesem Abend meinen Freunden. *Wir haben die Fenster weit aufgemacht, damit seine Seele rausfliegen kann.*

Den ersten Satz schreibe ich für mich. Um mich zu beruhigen, um die Lage zu entspannen. Mein Vater ist nicht gestorben, nein. Er ist eingeschlafen. Und vor allem friedlich. Was friedlich ist, kann nicht himmelschreiend ungerecht sein. Was friedlich ist, kann mich nicht zerdrücken, was friedlich ist, kann mich nicht in Dunkelheit stürzen. Was friedlich ist, kann ich aushalten.

Den zweiten Satz schreibe ich für die anderen. *Wir haben die Fenster weit aufgemacht, damit seine Seele rausfliegen kann.*

Jedes Flackern, jede Silbe, in der Kontrollverlust nachhallen könnte, muss durch Ordnung kompensiert werden. Niemand muss sich Sorgen machen, wir haben ja die Fenster aufgemacht. Wir haben ein Problem gelöst, selbstständig. Dabei ist Selbstständigkeit nicht vorgesehen an diesem Tag, in dieser Zeit, die Fenster geben mir einen Ausweg. Wir haben die Lage im Griff. Und ich schreibe den Satz, um meine Freunde vor der Sprachlosigkeit zu schützen. Um ihnen etwas zu geben, auf das sie unverfänglich eingehen können, sie sagen dann: »Oh, das klingt ja schön« oder »Genau richtig, Lulu«. Ich brauche sie, aber ich könnte ihre Hilflosigkeit nicht ertragen, die Versuche, in einer falschen Situation die richtigen Worte zu finden. Wenn *sie* es nicht schaffen, wie soll ich es dann?

Mein Vater hatte noch ein Geburtstagsgeschenk für mich bereitgelegt. Weil er schon nicht mehr aus dem Haus gehen konnte, hatte er etwas aus dem Schrank in seinem Schlafzimmer gekramt und eine Schleife drumgebunden. Es stand in den Wochen vor seinem Tod in einer blauen Plastiktüte neben dem Schrank, schräg gegenüber vom Bett. Wenn er wach war, würde er auf die Ecke zeigen, *Guck, meine Lu, da in der Tüte, da ist dein Geschenk drin.* Das war unserer neuer Vertrag. Den alten Vertrag hatte er schon gebrochen, das war unsere Abmachung gewesen, dass er bis zu meinem ersten Uniabschluss leben würde. Kurz vor meinem Geburtstag, im April 2016, hatte ich noch nicht mal das zweite Semester angefangen, und sein Zustand wurde rapide schlechter. Wir zogen uns also einen neuen Horizont, meinen Geburtstag. Es gab ein Geburtstagsgeschenk, also musste er bis zu diesem Tag durchhalten.

Als ich zu der Zeit für zwei Tage nach Berlin reisen musste, verabschiedeten wir uns etwas länger als sonst, als würde ich nicht zwei Tage, sondern vielleicht zwei Wochen wegfahren. Aber das fühlte sich prophylaktisch an. Es gab ja die Tüte, das Geschenk und unseren Vertrag; ich würde ihn wiedersehen.

Und ich sehe ihn auch wieder. Nur er mich nicht. Auf den ersten Blick hatte sich nichts verändert. Er liegt noch genauso im Bett wie in dem Moment, als ich mich verabschiedet hatte, die Bettdecke unten um seine Füße geschlungen. Das hatte meine Mutter am Morgen noch gemacht, damit die Füße nicht kalt werden. Früher hatte mein Vater die Decke manchmal so um meine Füße gefaltet, und als ich alt genug war, um das Wort Rührung zu kennen, rührte mich diese Geste. Es rührt mich auch jetzt. Wie es wohl war, als er sich ins Bett gelegt hat? Hat er da geahnt, dass es das letzte Mal sein würde?

Es hat sich nur die Haut verändert. Sie sieht aus wie modelliert. Und da sitze ich nun auf der Bettkante. Selbst nach seinem Tod bringt mein Vater mich noch in Verlegenheit. Durch das Fenster strahlt das Himmelblau, fröhlich, unangemessen fröhlich, unverschämt. Wie kann es die Welt wagen, sich einfach weiterzudrehen? Seine Hand ist warm, wie immer. Sie passt nicht zum Körper, sie passt nicht zur Leblosigkeit. In der Ecke steht die blaue Tüte. Bis zu meinem Geburtstag sind es noch zehn Tage.

Dass die Beerdigung ausgerechnet an meinem Geburtstag stattfindet, hatte niemand gewollt, aber es hatte sich auch nicht verhindern lassen. Ein Teil von mir ist froh, dass ich diesen Tag mit meinem Vater teilen kann. Ein letzter Tag, der nur uns beiden gehört.

»Krebs ist ein Arschloch«, sagen mir manche am Grab

und drücken dabei ziellos meinen Unterarm. Als wäre es unangebracht, mir die Hand zu geben, zu intim, mich zu umarmen, also ein verlegenes Mittelding. Ich finde es lieb, dass sie sich bemühen. »Krebs ist ein Arschloch« wird in diesen Tag zu einem beliebten Satz von Menschen in meinem Umfeld. Er hat etwas Wütendes, Impulsives – und man kann ihn sagen und so tun, als hätte man gerade über die eigenen Gefühle gesprochen.

Krebs ist ein Arschloch ist toll, es leitet die Energie auf die Schuldfrage und beantwortet sie. Wer war schuld am Tod meines Vaters? Der Krebs. Und warum? Weil Krebs ein Arschloch ist. Achso. Eine gute Erzählung, sie funktioniert. Gegen die Ohnmacht hilft sie zwar nicht, schließlich gibt es nichts, was meinen Vater wieder zurückbringen könnte, und laut den Einschätzungen diverser Ärzte mit diversen Auszeichnungen in diversen Einrichtungen auch keine Behandlung, die sein Sterben hätte verhindern können. Aber es hilft gegen die diffuse Wut. Man muss nicht hilflos sein, man kann gegen den Krebs anbrüllen. Ich habe von anderen gehört, dass sie dem Krebs einen Namen gegeben haben, das leuchtet ein. Man findet einen Feind, den Täter, den Lebenverschlucker.

Mein Vater hat gekämpft. Immer wieder ist er ins Krankenhaus, um sich Giftstoffe in seinen Körper einleiten zu lassen, die ihn heilen sollten. Die ihn aber auch schwächten, die ihm den Appetit, die Haare und irgendwann die Farbe im Gesicht nahmen. Aus dieser Zeit kommt eine gewisse Wut auf die Hollywood-Industrie und ihre *scheiß*-romantischen Darstellungen von sterbenden Verwandten. Ich kannte Filme wie »Mit dir an meiner Seite«, in dem alle so wahnsinning einverstanden sind, wie sie dasitzen, in Decken gehüllt und auf den Ozean schauen, und überhaupt. Sterben kann so ästhetisch sein. *Scheiß-Hollywood,* dachte ich, mit einem scharfen ß, wenn wir wieder mal nicht zusammen essen konnten, weil mein Vater sich übergeben musste. Wenn meine Mutter und ich dann weinten, vor Frust, vor Enttäuschung, vor Wut. Weil Übergeben auch hieß, dass nicht nur die zwei Bissen Toast, sondern auch die Medikamente in der Toilette landeten. Und Medikamente, die statt in meinem Vater in der Toilette landeten, Platz machen würden, für mehr Schmerz, für mehr Schlaflosigkeit, für Übelkeit, für Tränen. *Scheiß-Hollywood, du hast ja keine Ahnung.*

Was mich an *Krebs ist ein Arschloch* irritiert, ist das Generische. Es egalisiert den Krebs, als wäre jeder Krebs schlimm, jeder Krebs ein Arschloch. Dabei ist der Krebs von meinem Vater ja besonders schlimm. Er ist besonders, weil mein Vater besonders war. Und er ist besonders schlimm, weil wir uns so geliebt haben. Das kann kein gewöhnlicher Arschlochkrebs sein, es muss ein Schicksalskrebs sein. Oder?

Es muss einer sein. Das war die Strategie. Es muss außergewöhnlich sein, denn es ist das Außergewöhnliche an dem Krebs, an der Situation, an *meiner* Situation, das die Trauer erst tief und erträglich macht. Ich muss mir erzählen, dass niemand so sehr leiden würde wie ich, um akzeptieren zu können, dass es das Leid gibt. Um akzeptieren zu können, dass es mich einnimmt, sich auf meinen ganzen Körper wälzt und meine Wangen verkrampfen lässt.

Niemand darf fühlen wie ich. In meiner ganzen Vorstellung war es existenziell, dass dies kein gewöhnlicher Schmerz war, kein banaler Verlust, keine banale Krankheit.

Weil banale Tränen sich so schlecht von außergewöhnlichen unterscheiden lassen, überlege ich, zu radikaleren Methoden zu greifen, um zu zeigen, wie außergewöhnlich meine Lage ist. Zum Beispiel an manchen Tagen nichts essen. So machen das andere Töchter, in Hollywood-Krebs-Filmen. Es stellt sich in der Umsetzung als recht unpraktisch heraus, weil meine Großmutter in dieser Zeit häufiger kommt, um nach uns zu sehen, und kleine Gemüsepuffer oder Haferplätzchen mitbringt. Ich überlege mir einen Plan B und lasse mir ein drittes Ohrloch stechen.

Natürlich kenne ich die Statistiken, theoretisch weiß ich, dass die Zahlen gegen mein Bedürfnis des Außergewöhnlichen sprechen. Ich habe gegoogelt, kurz nachdem mein Vater die Diagnose *Lungenkrebs, fortgeschritten* bekommen hat. 127 000 Menschen in Deutschland sterben jährlich an den Folgen des Tabakkonsums. Nur acht Monate nachdem in den Lungen meines Vaters *Unregelmäßigkeiten* identifiziert worden waren, wurde mein Vater einer von ihnen. *Rauchen ist das größte vermeidbare Gesundheitsrisiko in Deutschland*, steht auf der Seite des Bundesgesundheitsministeriums. Das weiß ich, aber es kann nicht Teil meiner Wahrheit sein. Es ist das Außergewöhnliche, was einer Sache den Sinn gibt. Es erlaubt mir, darin aufzugehen, und es bewahrt mich vor der Kränkung, dass mein besonderer Vater an einer banalen Krankheit gestorben ist – und unsere besondere Beziehung gleich mit.

Vermeidbar steht für den Konjunktiv, vermeidbar meint:

Hätte er mal weniger und *Hätte er doch früher* und *Wenn er nicht so viel.* Hat er aber nicht. Hat er mein Leid in Kauf genommen – hat er einkalkuliert, dass er mit jedem Zug die Wahrscheinlichkeit, an einer vermeidbaren Krankheit zu sterben, nach oben treibt? Wahrscheinlich nicht. Wer hat meinen Vater getötet? Der Krebs. Weil die Frage *Wer hat meinen Vater getötet?* mit nichts anderem als dem Krebs beantwortet werden darf, stelle ich die Frage *Was hat meinen Vater getötet?* kein einziges Mal.

Ich frage mich damals auch nicht, ob mit *vermeidbar* vielleicht nicht nur mein Vater gemeint ist. Die Angst davor, meinem Vater die Schuld für seinen eigenen Tod geben zu müssen, verstellt mir den Blick auf die Muster.

In meiner außergewöhnlichen Trauer verstecke ich mich vor einer banalen Wahrheit. Ein gewöhnlicher Tod, ein erwartbarer Tod, eine vermeidbare Krankheit. Formal ist kaum etwas daran einzigartig. Ein Vorgang, wie er jedes Jahr zehntausendfach in deutschen Haushalten passiert. Seit den ersten Studien zu den Gesundheitsgefahren des Rauchens in den 1950ern haben Tabakindustrien alles daran gesetzt, Zweifel über deren Echtheit zu säen. Jahrzehnte nachdem die medizinische Evidenz für die Folgen des Rauchens längst offen zirkulierte, konnten die Unternehmen ungestört für Zigaretten werben, Sehnsüchte schüren, wer wirklich frei ist, wer das Leben wirklich genießt, der raucht. Später wurden diese Methoden zur Inspiration für die fossilen Industrien.

Meine Mutter wuchs in einem großen Haus auf, es gab ein Schwimmbad im Garten, es wurde gesegelt. Möglich gemacht durch den Tabak, bezahlt mit der Gesundheit, der Sucht der Menschen. Der Preis waren Menschen wie mein Vater. Deren Verschleiß war kein ungewollter Nebeneffekt, er war einkalkuliert. Gestresste Gesellschaften brauchen Kompensationen, Tabak, Bier, Fleisch zum Beispiel. Die lädt man auf mit Wohlstandsnarrativen, jeder Zug, jeder Bissen, jeder Schluck ist genau richtig, denn *das hast du dir jetzt verdient, dann ist endlich Feierabend, das gönnt man sich*; man verheiratet den Tabak mit der Idee von echtem Genuss. Irgendwann ist dann alles verschwommen, da kann man nicht mehr auseinanderhalten, was eigentlich noch die Zigarette und was die Erzählung ist, die sie umrankt. Jahrelang probiere ich, meinen Vater vom Rauchen abzubringen, ich verstecke seine Zigaretten, ich horte die Feuerzeuge zwischen meinen Buntstiften, ich erkläre ihm, dass er stinke, dass es ungesund sei. Aber ich kam nicht dagegen an, gegen alle drei nicht: gegen die Sucht nicht, gegen meinen Vater nicht, und vor allem nicht gegen die Idee, dass eine Zigarette keine acht Zentimeter Tabak ist, sondern acht Zentimeter Ruhe, Lebensqualität, Genuss. Die Tatsache, dass kein Zigarettenzug den Stress wettmachen konnte, den die Existenz der Zigarette in der Hand meines Vaters für mich, für uns auslöste, spielte keine Rolle. Auch das eine Kalkulation. Dass die Macht der Wohlfühl-Erzählungen rund um die Zigarette ausblendet, was sie eigentlich anrichtet. Und dass sie Momente unter dem Strich nicht schenkt, sondern raubt.

Zum Zeitpunkt, als wir meinen Vater beerdigten, hatte die Familie Reemtsma schon viele Jahre keine Anteile mehr an der Reemtsma Cigarettenfabriken GmbH. Gleichwohl ist es eine selten-zynische Dialektik, dass mein Vater ausgerechnet eine Frau heiraten würde, deren Lebensanfang durch den Vertrieb jenes Giftes ausgestattet wurde, das zum Lebensende meines Vaters führen würde.

Aber selbst als der menschliche Preis der Profitmaximierung und der Name der Industrie, die das vorangetrieben hatte, zu Hause bei uns am Frühstückstisch saß, war ich nicht in der Lage, die Muster zu erkennen. Später stattet mich der Soziologe Andreas Reckwitz mit dem Vokabular aus, das beschreibt, was ich erlebt hatte: Die Logik der Singularisierung. Reckwitz erkennt in der Gesellschaft der Postmoderne ein Streben weg vom Allgemeinen, hin zu einer Gesellschaft des Individuellen. Eine Gesellschaft, in der das, was durch Gemeinsamkeiten Gewöhnlichkeit implizieren könnte, augenblicklich an Wert verliert. Eine Adidas-Jacke zwischen vielen Jacken im Laden ist nur ein Stück Massenware, nur Monate später kann sie für das Vierfache in einem Vintage-Shop verkauft werden, weil sie ein Unikat ist.

Der Preis für die Individualisierung meines Verlustes war meine Unfähigkeit, das System des Verschleißes zu erkennen. Ein solches System knickt zwangsläufig vor der mit Profiten lockenden Werbeindustrie ein, zur Rechtfertigung werden um jeden Preis neue Gründe fabriziert, warum man weiterhin die Gesundheit der Menschen aufs Spiel setzen könne. Und dabei geht es gar nicht mehr nur um den Verschleiß des Körpers meines Vaters. Er war eine Ausnahme und musste nur wenige Monate intensiv gepflegt werden, andere werden für Jahre zu Pflegefällen.

Und sie landen dort, wo meine Mutter als Krankenschwester und all ihre Kolleg:innen im kaputtgesparten Gesundheitssystem das erleben, was man umgangssprachlich als Pflegenotstand beschreibt. Der überforderte Körper meines Vaters und all die anderen Menschen, die durch mangelnde Vor- oder Fürsorge zum Pflegefall werden, führen wiederum zu einem Verschleiß bei Pfleger:innen, Ärzt:innen, bei Angehörigen. Der fahrlässige Umgang mit der Gesundheit der Menschen lagert sich in die überstressten und übersorgten Adern von noch viel mehr Menschen ein, angesichts der Geschlechterverhältnisse unter pflegenden Angehörigen und Pflegepersonal in Krankenhäusern, auch hier, vor allem in Frauenkörpern.

Diese Muster wiederholen sich. Gift in Form von Tabak zersetzte den Körper meines Vaters, man weiß, wie groß das Gesundheitsrisiko ist, trotzdem darf man Tabakwerbung machen. Gift ist es auch, das in Form von Plastikpartikeln, Öl oder Gas unsere Lebensgrundlagen zerstört. Auch das darf man bewerben, und mehr als das, fossile Industrien werden weltweit pro Jahr mit mehr als 440 Milliarden US-Dollar Steuergeldern subventioniert. Dabei weiß man um die Gefahren. Doch statt die Muster dahinter zu sehen, die Rolle der Werbung zu beleuchten, die Macht der Industrien in der Politik, erklärt man, am Ende würden Konsument:innen schließlich selbst entscheiden. Wer infrage stellt, ob fossile Konzerne so viel Macht und so viel staatliche Subventionen bekommen sollten, dem wird erklärt: Eine Ölkatastrophe, ein Plastikteppich auf dem Ozean? Ein unglücklicher Einzelfall, niemals kalkuliert, niemals Teil von einem System.

Irgendwann aber brechen die Muster an die Oberfläche. Es gab einen Moment, kurz nachdem wir meinen Vater beerdigt hatten.

Es ist die erste Vorlesung, die ich wieder besuche, drei Wochen nach Beginn des Semesters. Ich bin da, um nicht da zu sein. Maximal unauffällige Anwesenheit statt lautstarker Abwesenheit. Im Vorlesungssaal sitze ich bei meinen Freunden, geschützt, ich denke, ich schaffe das, einfach zuhören. Und dann höre ich meinen Namen laut und deutlich vom Professor unten vor der Tafel. *Luisa Neubauer,* liest er vor, *die war jetzt ja schon zwei Wochen nicht da, weiß da jemand was? Ist sie noch im Kurs?*

Stille. Ich hebe die Hand. Der Professor nickt. *Also, Frau Neubauer, wenn Sie noch weiter teilnehmen wollen, muss ich hier einen Grund für das Fernbleiben eintragen.*

Wenn man sich konzentriert, kann man ganz leise weinen.

Jemand läuft nach vorne und flüstert etwas in Richtung Professor. *Achso,* er räuspert sich, *bitte nicht,* denke ich.

Ja, das tut mir leid, Frau Neubauer …

Bittenichtbittenichtbittenicht, denke ich.

… für ihren Verlust, fügt er hinzu.

Einatmen, ausatmen. Noch mal.

Nach der Vorlesung machen wir uns auf den Weg zur Mensa. Ich auch, da sein um nicht weg zu sein. Und da passiert es, dutzende Menschen kommen zu mir, manche kurz, manche länger, alle sagen sie: Kenne ich. Meine Tante, mein Großvater, und immer wieder: mein Vater. Der hatte auch mal, der war auch mal, der ist nicht mehr.

Der niederländische Traumaforscher Bessel van der

Kolk sagt, dass für die Entstehung von Traumata eine isolierende, negative Erfahrung entscheidend ist. Man erlebt etwas, oder meint etwas zu erleben, was niemand anders erlebt. Oft hängt Isolation mit einem emotionalen Widerspruch zusammen, in dem man meint, sich zu befinden. Wenn mein Vater mich doch so geliebt hat, wieso hat er sich für den Tabak und gegen gute Chancen entschieden, viele Jahre mit mir zu verbringen? Nein, nein, ein verbotener Gedanke, ich kannte van der Kolk und seine Aussagen damals nicht.

Verhindern lassen sich diese Traumata, so van der Kolk, wenn aus isolierenden Erfahrungen kollektive Erfahrungen werden. Wie mächtig ein »ich kenne das« sein kann. Vor lauter Trauer in mir habe ich die Trauer um mich nicht sehen können. Vor lauter Trost durch das Besondere, das Einzigartige, war das Tröstende im kollektiven Charakter dieser Erfahrung unsichtbar. Vor lauter Sorge, dass meine Trauer aus mir ausbrechen könnte, kam mir nicht in den Sinn, dass sie dort, in der Welt, womöglich gar nicht so alleine wäre. Niemand, der mir an diesem Tag erzählt, dass er oder sie auch einen Verlust erlebt hatte, kann mir meine Trauer nehmen. Was sie mir aber nehmen können, Stück für Stück, ist die Angst, dass die Trauer nie wieder Platz machen würde, für mich und schon gar nicht für mein Lachen. Je mehr Menschen, vor allem junge Menschen, mir von ihren kranken oder gestorbenen Vätern erzählen, desto nachdenklicher werde ich.

Heute wird das Vorgehen der Tabaklobby immer wieder mit dem Vorgehen von Klimaleugnern und deren Fake-

Informationen verglichen. Es war die Tabaklobby, die als Vorbild der Erdöl-Lobby galt, sobald die ersten Studien über die Schäden durch fossile Verbrennung für politischen Gegenwind sorgten.

Auf dem Papier wäre mein Vater jemand, der in meinem Leben die Rolle des Antagonisten eingenommen hätte. Ein Boomer, jemand der sich mit dem Gendern schwertut, der um alles in der Welt nicht aufgehört hätte, Fleisch zu essen, der natürlich gegen die Atomkraft protestiert hat, aber für den es dann bei der großen Transformation auch nicht so schnell gehen sollte. Man würde ihn als den Typ Verbraucher beschreiben, der doch noch gerne Verbrenner fährt, der findet, das Schnitzel sollte für alle bezahlbar bleiben. Vielleicht zumindest, ich weiß es ja nicht.

Mein Vater ist zu früh gestorben, um ein typischer Boomer-Vater der jungen Aktivistin zu sein – oder dafür gehalten zu werden. Auf paradoxe Art ermöglichte ihm das, viel mehr als das zu sein.

Als er noch lebte, war mein Vater für mich ein Sinnbild von Sicherheit, von Geborgenheit. Das habe ich nicht so genannt, als er noch lebte, Selbstverständlichkeiten brauchen ja keine Titel, das macht sie aus. Er wurde zu diesem Sinnbild, in dem Augenblick, als er es nicht mehr sein konnte. Als sein Leben und dann mein Leben aus den Fugen geriet, wurde er zu demjenigen, der mir vorlebte, dass auch die größte Selbstverständlichkeit einstürzen kann. Und als er dann nicht mehr war, hat mein Vater mir eine Welt gezeigt, in der Trauer keinen Platz hat. In der ich mich konzentriere, leise zu weinen. Er zeigte mir eine

Welt, in der meine Trauer das Problem war, und nicht die Gesellschaft, die ein gänzlich paradoxes Verhältnis zu den zwei größten Selbstverständlichkeiten hat. Das Leben und die Geburt werden gefeiert, jedes Jahr. Der Tod und die Trauer haben an der Beerdigung Platz, und dann höchst verlegen. Aber dann geht das Leben ja weiter. Durch meinen Vater habe ich eine Welt kennengelernt, in der man laut gewinnt und leise verliert. Und das obwohl der Verlust allgegenwärtig ist, obwohl überall, in jedem Klassenzimmer, Büro und auf jeder Party irgendwer mit einem Verlust zu kämpfen hat. Wenn man genau hinguckt.

Und dann, auf dem Weg zur Mensa, als aus meiner isolierenden Trauer eine gemeinsame wird, zeigt mir mein Vater, dass ich mich wehren kann. Ich werde immer eine trauernde Tochter bleiben, aber ich muss keine sprachlose sein.

Später fange ich an, öfter über diesen Verlust zu sprechen. Ich treffe immer mehr Menschen, die andere Menschen verloren haben. Aber es dauert einige Jahre, bis ich anfange zu begreifen, wie umfassend der Verlust ist, der uns alle betrifft.

Es ist der Hitzesommer, zwei Jahre später, es brennt, überall. Zeitungen drucken Bilder von verkohlten Baumstümpfen. Ich lese über den Verlust der Arten und Gletscher und Trinkwasserversorgung. Es ist wohl eher unbewusst als bewusst, dass ich mich in diesem Moment an den Weg zur Mensa erinnere. Und daran, dass in dem Verlust, auch im ökologischen, eine Kraft steckt. Und dass wir niemals alleine sind.

Verbrauchen

Wir sitzen am Küchentisch. Bis Weihnachten sind es noch einige Monate. Das ist wichtig, denn meine Großmutter echauffiert sich über die Schokoladenweihnachtsmänner. »Was ein Irrsinn«, sagt sie und ballt die Faust. »Die stehen jetzt schon überall in den Geschäften. Das ist eindeutig zu früh!« Vor meinem inneren Auge sehe ich sie schon, wie sie in erstaunlichem Tempo auf ihrem Dreirad die Straße runter zum Drogeriemarkt fährt, in den Laden rauscht und einen Mitarbeiter damit konfrontiert. Ich habe solche Momente ein paar Mal selbst miterlebt. Ich fand es oft vor allem eins: peinlich.

Ihre Kritik an den Schokoweihnachtsmännern kenne ich inzwischen ziemlich gut: Weihnachten sei etwas Besonderes. Man könne Weihnachtsschokolade nicht einfach so hinstellen, wettert meine Großmutter jedes Jahr wieder. Und hinzu kämen andere Probleme: die Inexistenz von nachhaltigen Lieferketten, das Problem mit dem bedrucktem Aluminiumpapier, die generellen Auswüchse unserer Wegwerfkultur. »Landgrabbing?«, würde meine Großmutter dann fragen, ob das etwa nicht bekannt sei. Es ginge hier schließlich – und ja, da habe man richtig verstanden! – um *Menschenrechte*.

Es gab eine Zeit, da konnte ich nicht so gut mit meiner Großmutter-Aktivistin umgehen. Aber es gab auch eine Art Aktivismus, den ich gut fand. Das war keine direkte Intervention, sondern Engagement. Wenn sie mit ihrer Umweltgruppe Veranstaltungen in der Volkshochschule organisierte etwa. Ich mochte es, wenn sie nach Vorträgen aufstand und sagte: *Mein Name ist Dagmar Reemtsma, ich komme aus der Umweltgruppe Elbvororte.* Sie sagte es wie eine Politikerin, routiniert, höflich, sie kannte sich aus. Traf sie auf Politiker:innen, wusste sie, dass sie auf Dankbarkeit stoßen würde, wenn sie sich mit vollem Namen vorstellte, auch wenn man sich schon begegnet war. Menschen in der Politik treffen so viele Leute, niemand möchte sich die Blöße geben, zuzugeben, dass man nicht mehr weiß, wie jemand heißt. Meine Großmutter signalisierte Verständnis, stellte sich vor und schon sprach man viel wohlgesonnener miteinander. Sie kannte die kulturellen Codes. Sie vertrat Standpunkte, die man radikal nennen konnte, etwa die notwendige Abkehr vom Wachstumsparadigma, aber das hat der Club of Rome auch schon 1972 gefordert.

Aber eine Großmutter, die mit dir keine Strümpfe bei Peek & Cloppenburg einkaufen kann, ohne sich an der Kasse über die unverantwortlich niedrigen Preise zu beschweren – das habe ich lange Zeit nicht verstanden.

Wenn wir zusammen unterwegs waren, sagte sie: *Luisa, ich sehe hier gerade das Pack Socken; vier Paare, zwölf Euro. Ich dachte, die meinen zwölf Euro pro Socke!* Dann holte sie aus. *Aber nein! Die meinen zwölf Euro für alle! Wie soll auch nur eine Näherin davon ausreichend bezahlt werden, frage ich mich. Kennen die das Existenzminimum, was die bekommen – nein, das kennen die eben nicht!* Dabei sah sie mich an, als würde sie gerade die Ergebnisse einer investigativen Recherche vorstellen. Mir, die es mit zwölf völlig normal fand, samstags mit meinen Freundinnen ins Einkaufszentrum zu gehen, um zu shoppen.

Meine Freundinnen und ich schlenderten durch den H&M, um uns gegenseitig bedeutungsschwer zu versichern, man brauche noch unbedingt diesen schwarzen Rock mit Taschen, jenes grüne Top, vielleicht einen Schal. Wir fanden es nicht weiter verwunderlich, wenn ein Shirt nicht mehr als zehn Euro kostete. Ich gab Nachhilfe und bekam pro Stunde etwa sechs Euro – da konnte man schnell ganz viele Tops kaufen. Ja, sagte ich dann zu meiner Großmutter auf ihre Empörung hin, so ist das eben. Das ist ganz normal. Und dachte: Du verstehst mich und meine Welt doch gar nicht. Was macht es schon für einen Unterschied, ob ich dieses Top jetzt kaufe oder nicht? Richtig. Gar keinen. Dachte ich jedenfalls.

Meine Großmutter fand das Einkaufszentrum furchtbar. Sie ging nur, wenn sie musste. Manchmal trafen wir uns dort zum Mittagessen, bei einem Salat-Laden, um Kumpir zu essen. Ich mochte es, dass meine Großmutter nicht fassen konnte, was man sich alles aussuchen konnte, was alles draufpasste auf so eine Ofenkartoffel. Ich fühlte mich dann, als könnte ich ihr ein bisschen meine Welt zeigen. Und wenn sie sich freute, z. B. über kleine Olivenscheiben, freute ich mich mit. Konsum war für mich auch: Wohlfühlen.

Eine Kartoffel lang hatte ich also das Gefühl, meine Großmutter hätte Frieden geschlossen mit dieser Welt, den Näherinnen in Bangladesch und Indien, die krank wurden, weil sie Jeans mit Giften bleichen mussten, die ihre Lungen schädigten. In der Schule erfuhren wir vom Aralsee, der einst zu den größten Seen der Welt zählte, bis man anfing, so viel zur Bewässerung der immer größeren Baumwollplantagen zu entnehmen, dass heute dort Wüste ist, wo früher Fischerboote fuhren. Wir lernten, dass das alles gemacht wurde, um uns – mit so wenig Kosten wie möglich (und allen Umweltschäden) – bis zu zwölfmal im Jahr neue Modekollektionen präsentieren zu können. Wir wussten um den Begriff Fast Fashion – aber vielleicht nicht, dass etwa zehn Prozent der globalen Emissionen aus der Bekleidungsindustrie stammen, mehr als aus der globalen Schifffahrt und dem Flugverkehr zusammen.

Aber selbst das Wissen darum hätte wohl kaum einen Unterschied gemacht. Man konnte sich zu gut erzählen, dass die Welt halt so ist, weil alle anderen das auch so machen. Wir entwickelten Abwehrmechanismen und suchten die Bestätigung, dass alles gar nicht so schlimm war. Einmal, als mir meine Mutter wiederholt Vorwürfe machte, ob des wachsenden Turms kleiner Tops in meinem Schrank, stürmte ich wütend in ihr Zimmer und zählte, wie viele Oberteile sie im Schrank hatte. Viel mehr als ich nämlich. Sie war nicht in der Position, den ersten Stein zu werfen, fand ich. Wer konnte wem etwas vorhalten, wenn alle mitmachten?

Um bloß nicht die eigenen Konsummuster infrage zu

stellen, identifizierten wir Freundinnen auch schnell, wer das eigentliche Problem war: die Superreichen. Wenn man nur ein bisschen googelte, kam man schnell dahinter, dass das eine reichste Prozent der Welt so viel emittiert wie die gesamte ärmere Hälfte zusammen, hatte Oxfam gezeigt. Warum also in Kleinkriege treten, wenn wir doch ohnehin nur verhältnismäßig wenig emittieren? Und überhaupt, wie sollte das aussehen? Sollte man bei jedem Einkauf, mit jedem Schritt, den man ging, und auf jeder Reise, die man machte, das gesamte Weltgewissen mit sich herumtragen? Würde man dann nicht zwangsläufig zynisch?

Auch meine Großmutter erlebte diese Abwehr, nur von der anderen Seite. »Früher wurde gesagt, mein Verhalten sei schlecht für den Arbeitsmarkt«, sagte sie. »Weil ich so wenig konsumiere, dass ich Arbeitsplätze gefährde.«

Irgendwann hörten wir auf, unsere Samstage im Einkaufszentrum zu verbringen. Wir wurden älter, hatte andere Sachen zu tun. Plötzlich beschwerte sich nicht mehr meine Mutter, sondern mein Vater. »Oh Lulu, können wir trotzdem bummeln gehen?«, fragte er mich dann enttäuscht. Er hatte Spaß daran, mit mir durch die Ladenzeilen zu schlendern und die Leute zu beobachten. »Dein Vater«, erzählte mir meine Mutter einmal, »verstand das Schenken als Ausdruck von Liebe. Er wollte mir jede Woche Blumen schenken. Monatelang habe ich das mitgemacht, ich wollte ihn nicht kränken. Er meinte es nur gut.«

Irgendwann habe sie es über sich gebracht und gesagt,

das reiche jetzt aber mit den Schnittblumen. Und dass sie das nicht mehr möchte. »Ich meine«, erzählte meine Mutter, »Schnittblumen! Wir haben doch einen Garten voll, und nachhaltig sind die sicher nicht. Für eine Rose aus einer Schnittblumenplantage in Kenia werden vier Liter Frischwasser gebraucht. So was muss doch eine Ausnahme sein.«

Konsum ist nicht nur Konsum, es ist Kultur, es ist Kompensation. Zwischen meinem Vater und meiner Mutter waren die Schnittblumen auch Kommunikation, ein Liebesbeweis. Konsum ist emotional, kein Konsum kann auch emotional sein. Als ich mit einer Freundin einen Flohmarktstand eröffnete, fragte ihr Freund sie besorgt, ob sie jetzt auch so öko werden würde wie ich. Auf einmal standen ich und die Idee von Secondhand mitten in deren Beziehung.

Zwischen dem, was möglich ist an Konsum, also rein theoretisch, und dem, was vertretbar ist, ökologisch, klafft eine gigantische Lücke. Und sie wächst jeden Tag. Jede Minute werden Regenwälder in der Größe von zehn Fußballfeldern abgeholzt, jeden Tag sterben Arten vollständig aus, jedes Jahr steigt der Meeresspiegel um drei bis vier Millimeter, während auf der anderen Seite durch unregulierte Konsumangebote immer mehr möglich gemacht wird.

Man kann Autos fahren, die 13 Liter auf hundert Kilometer verbrauchen, im Linienflieger »around the world« fliegen oder für einige hundert Euro billige Kreuzfahrten im Mittelmeer buchen. »Rund herum die Leichen der

Flüchtlinge«, merkt meine Großmutter an. Fast eine Million Kreuzfahrten wurden 2021 allein in Deutschland verkauft. 1,9 Tonnen CO_2 werden pro Passagier in einer Woche emittiert. Zum Vergleich: Um die Pariser Klimaziele einzuhalten, können Menschen im Jahr 2030 pro Kopf durchschnittlich noch 2,3 Tonnen CO_2 emittieren – pro Jahr. Aktuell sind es knapp zwölf Tonnen.

Wenn Regierungen im Klimaschutz keine ausreichenden Regelungen umsetzen, verschwindet nicht automatisch die Verantwortung. Die Verantwortung wird weitergeleitet an die Bürgerinnen und Bürger. Und wir fangen an, uns zu streiten. Dass ein Onkel von uns im Inland geflogen ist, das sei doch unverantwortlich (solange es politisch erlaubt ist, was soll man sagen), warum auf dem Grill wieder so viel Fleisch liegt (ohne Maßnahmen wird es weiterhin billig sein und gegessen werden), warum jemand im Haushalt wieder noch essbare Lebensmittel weggeschmissen hat. (Gäbe es eine Gebühr, die erhoben würde, wenn Lebensmittel im Supermarkt weggeschmissen würden, würde das schnell andere Anreize schaffen.)

Immer wieder höre ich von engagierten Menschen, deren Beziehungen zerbrechen, »weil es nicht mehr gepasst hat«. Im Kern, weil einer von beiden sich Sorgen macht und den eigenen Lebenswandel im Kleinen oder Großen ändern möchte, sich in der Beziehung aber missverstanden fühlt. Das ist kein normaler Beziehungsdruck. Es ist auch die Konsequenz, wenn Regierungen offen lassen, ob und wie man die Probleme eigentlich lösen will.

Nach der Schule half ich als Freiwillige auf einem Bauernhof. Ich hörte für ein paar Monate auf, Einmalplastik zu verwenden. Meine Großmutter bezeichnet die Chefs der globalen Plastikkonzerne als kriminell. Fünf Billionen Einmalplastiktüten werden pro Jahr hergestellt. Pro Minute werden eine Million Plastikflaschen gekauft. Dimensionen jenseits des Vorstellbaren. Meine plastikfreie Zeit war wahnsinnig mühsam.

Ich hielt meinen Verzicht nicht lang durch, nicht nur, weil alle Aspekte des Lebens mittlerweile von Plastik durchdrungen sind, sondern auch, weil ich von meinen Mitmenschen so enttäuscht war, die unbekümmert weitermachten mit ihren Einkaufstüten, die wiederum voller Plastikverpackungen waren. »Ich mach das doch für uns alle«, wollte ich sagen, »denkt doch wenigstens ein ganz bisschen dran.« Wenn man die ökologischen Kosten ignoriert, enttäuscht man sich schnell selbst, wenn man es nicht macht, tun das die anderen. Konsum ist kompliziert.

Als ich anfing, als Klimaaktivistin öffentlich zu sprechen, durchsuchte man in Windeseile meinen Instagram-Account auf mögliche Klimavergehen. Vieles von dem, was ich zu diesem Zeitpunkt, aus verschiedensten Gründen, weniger oder gar nicht machte – Fleisch essen zum Beispiel oder endlos Shoppen – fand man natürlich nicht. Das ist die Idee von weniger: Dann ist da eben nichts mehr, sondern Platz für anderes. Was man aber fand, waren Flugreisen.

Eigentlich hätte das niemanden überraschen können. Je älter ich wurde, desto günstiger wurde das Fliegen. Früher konnte ich mir von einer Nachhilfestunde ein Top kaufen, ein paar Jahre später von vier Stunden ein Flugticket nach London. Fliegen war früher eine große und teure Ausnahme, aber mittlerweile war es für Reisen zur Uni nach London, zum Praktikum nach Stockholm und für den Urlaub nach Süditalien zur ersten Wahl geworden. Für einige Zeit – vor meinem Aktivismus – ging meine Rechnung im Kopf komplett auf: Ich esse fast keine tierischen Produkte mehr, ich nutze Ökostrom, ich shoppe kaum, damit mache ich genug, sodass ich weiterhin fliegen kann. Gut zwei Jahre habe ich davon viel Gebrauch gemacht. Also machte die Öffentlichkeit jetzt mit mir, was ich zehn Jahre davor am Kleiderschrank meiner Mutter getan hatte. T-Shirts zählen. Überprüfen, ob man in der Position ist, über weniger Konsum zu sprechen. Dass ich überhaupt nicht forderte, dass Leute aufhören zu fliegen: spielte keine Rolle. Ging unter, zwischen meinen Forderungen zum strukturellen Wandel – wie Inlandsflugverbote, Besteuerung von Flugtickets und dem Ausbau des Bahnnetzes. Es ging allein um die Frage: Wer darf die Regeln machen?

Ich fand, meine Mutter durfte keine Regeln machen. Leute, die über #langsstreckenluisa schrieben, fanden, ich dürfe nicht über Regeln sprechen. Beides funktioniert natürlich nicht. Die Lücke zwischen dem Möglichen und dem Vertretbaren muss geschlossen werden, und darüber muss gesprochen werden. Weil alle Menschen, vorausgesetzt sie leben nicht im oder am Existenzminimum, mehr oder weniger Teil von unverträglichen Konsummustern sind.

Bei meiner Großmutter liegen all diese Bücher – *Wir konsumieren uns zu Tode*, *Wen macht die Banane krumm* und *Wir lassen sie verhungern* – schon seit Jahren oder Jahrzehnten in den Regalen. Meine Großmutter sagt manchmal: »Man könnte die Unbedarftheit der Menschen beneiden, die nicht in jeder unfair gehandelten Banane eine Menschenrechtsverletzung sehen.«

Wenn ich Journalisten oder Menschen aus der Politik zum Mittagessen treffe, gibt es fast immer diesen Moment, dass mir über die Speisekarte hinweg so ein leicht unsicherer Blick zugeworfen wird. Ich muss dann innerlich lachen. Denn genauso habe ich früher meine Großmutter angeguckt, wenn ich mit künstlich zerschlissenen Bluejeans zu ihr geschlurft kam und genau wusste, sie findet das unmöglich.

Wir Ökos, wir Spielverderber, dachte ich eine Weile. Bis mir auffiel, dass es mir kein bisschen unangenehm ist, wenn mein Gegenüber sich fragt, ob es okay ist, vor mir Fleisch zu essen. Als müssten sie sich vor mir rechtfertigen und nicht vor sich selbst.

Mein Bruder entschied sich mit über dreißig Jahren, nachdem er den Film »Game Changers« gesehen hatte, vegan zu werden. Er stellte fest, was er seinem Körper zugemutet hatte, mit all dem Fleisch.

In einer Welt, in der nachhaltige Konsumentscheidungen oft teuer und aufwendig sind, ist nachhaltiger Konsum offensichtlich eine Art Privileg. Aber es ist auch ein Privileg, was die meisten nutzen könnten, wenn sie wollten. Nicht, weil das alles andere löst, aber weil es Klarheit in die Sache bringt, weil es ermöglicht, die Verdrängungsenergie anderswo einzusetzen, zum Beispiel in politischem Druck.

Viele Menschen bemerkten seit der Pandemie, zu wie vielen sinnfreien Geschäftstreffen sie geschickt worden waren, die man leicht hätte online abwickeln können. Zu denen sie fliegen mussten oder unzählige Autobahnkilometer abspulten. Man wusste nicht, ob das Treffen so wichtig war, das alles zu rechtfertigen, aber man flog hin, also musste es wichtig sein. Importanzmobilität.

Aus dieser Wirklichkeit heraus lässt sich so viel gelassener für das einstehen, was politisch passieren muss, um die Lücke zwischen dem Möglichen und dem Vertretbaren zu überwinden, und um anzufangen, die echten Kosten vom Überkonsum der Wohlständigen abzubilden.

Ein wenig ist schon errungen worden: Indien hat Einmalplastik verboten, Frankreich die Inlandsflüge, jedes andere Land in Europa hat mittlerweile das Tempolimit. Aber es ist noch so viel mehr zu tun. Auch Massentierhaltung wird man stark regulieren müssen, Fleischpreise dafür hochsetzen, Kohlekraft verbieten und irgendwann Gaskraftwerke.

Man verbietet Menschen auch, bei Rot über die Ampel zu fahren, damit wir alle sicher durch den Verkehr kommen. Dieses Verbot schafft Freiheit. Man wird offensichtlich ersetzbare oder überflüssige Dinge regulieren oder verbieten müssen. Damit konsumiert wird, was vertretbar ist. Und am Ende des Tages wird das die Reichsten am meisten betreffen. Es sind nämlich die Reichsten, die die meisten Schäden verursachen, die verheerenden Folgen ertragen und zahlen andere: die Ärmsten.

Die Reichsten und diejenigen, die am meisten verbrauchen, und auch die Konzerne dahinter kommen nicht für ihre Umweltzerstörung auf. Jeder Privatflieger, jede Megakreuzfahrt, jeder Modekonzern, der unter unvorstellbaren Arbeitsbedingungen ökologische Zerstörung vorantreibt, wird von uns allen subventioniert. Was wäre für eine soziale Politik möglich, was könnte man für öffentliche Infrastruktur bereitstellen, Bildung und Sport und Kultur finanzieren, wenn die ökologischen Schäden der Hauptverursacher nicht weiterhin kollektiviert werden würden?

Früher erklärte man oft, die Billiglabels in Deutschland würden die Arbeitsplätze in Südostasien sichern. Man könnte es aber auch anders sehen: Wenn soziale Standards steigen, der Mindestlohn in Deutschland etwa, dann könnten Menschen auch mehr für gute Kleidung und faire Arbeitsbedingungen in anderen Ländern zahlen. Meine Großmutter plädiert bei dieser Diskussion immer für den Artikel 5, den der Jurist Ferdinand von Schirach als zusätzliches Menschenrecht vorgeschlagen hat: »Jeder Mensch hat das Recht, dass ihm nur solche Waren und Dienstleistungen angeboten werden, die unter Wahrung der universellen Menschenrechte hergestellt und erbracht werden.«

In der Klimabewegung gibt es eine breite politische Kultur, die individuelle Verhaltensänderungen als Manipulation versteht. Wir wissen, dass der erste Rechner für den CO_2-Fußabdruck von einem großen britischen Ölkonzern entwickelt wurde, damit die Menschen anfangen, über ihre Duschdauer zu sprechen, statt über Katastrophen und die Verantwortung der Konzerne. Die Abneigung, das Private so tiefgreifend zu politisieren, kommt auch aus der Erfahrung, dass man angefangen hat, von Klimaaktiven oder Klimabewegten absolute Konsistenz zu erwarten. Wer einmal sagt, er würde aus Umweltgründen auf Flüge verzichten, wird sofort konfrontiert, wenn er doch mal fliegt. Oder belehrt, dass das Flugzeug doch trotzdem fliegt. Wer sich vegan ernährt, muss damit rechnen, dass es Kommentare gibt, wenn man ein Stückchen Milchschokolade isst. Paradoxerweise müssen sich gerade diejenigen rechtfertigten, die moralische Verantwortung übernehmen, während die Ignoranz der anderen scheinbar belohnt wird.

Meine Großmutter ist da kein bisschen zimperlich. Ihr geht es nicht um absolute Konsequenz, sondern um Haltung und Mäßigung. Sie hält es aus, gegen die Fleischindustrie zu sein und gegen hohen Fleischkonsum zu wettern, sich politisch zu engagieren und trotzdem immer mal wieder Würstchen zu essen, oder Leberpastete im Kühlschrank zu haben. Umfragen bestätigen, dass unsere Rollenverteilung alles andere als außergewöhnlich ist. Ältere Menschen sind durchschnittlich viel eher bereit, individuelle Maßnahmen umzusetzen, wenn es um Klimaschutz geht, als jüngere.

Heute ist mir die konfrontative Art meiner Großmutter nicht mehr peinlich. Ich mag ihre direkten Interventionen, einerseits. Andererseits hat sie auch recht. Es gibt mittlerweile so viele Zahlen, Belege und Statistiken, die das untermauern. Ich meine: Die Lage ist dramatisch, und alles dazu steht im Internet. Pro Kilogramm Schokolade werden 3,5 Kilogramm CO_2 produziert, für eine Tafel 1700 Liter Wasser benötigt. Für die Aluminiumproduktion des Papiers fällt nicht nur ein horrender Energiebedarf an, sondern die Folge sind auch Umweltschäden durch die aufwendige Gewinnung von Bauxit, dem Aluminium-Rohstoff.

Meine Großmutter kennt diese Fakten auswendig. Das ist ihr Vorteil. Und wenn sie argumentiert, wird es spürbar kälter in so einem Laden. Ich erinnere mich, dass ein Mitarbeiter einmal versucht hat, aus der Situation zu kommen, in dem er sich verteidigte: »Das wird letztlich alles von oben vorgegeben!«, hatte er geklagt. »Wissen Sie«, hatte meine Großmutter geantwortet, und da war gar kein süffisanter Tonfall, »dann werde ich dem Filialleiter mal einen Brief schreiben. Es kann ihm doch unmöglich gefallen, so viel Müll zu produzieren.« Dabei sah sie den Mitarbeiter an wie einen Verbündeten im Schokoladenaufstand.

Fünf Minuten später sieht man meine Großmutter auf ihrem Fahrrad davonradeln, sie singt lauthals. Große Empörung, große Lebensfreude. Ohne Umschweife, bei ihr geht das alles.

»Zu sagen, dass ein Problem strukturell ist, entbindet uns nicht davon, darüber nachzudenken, wie wir als Individuen daran beteiligt sind oder was wir dagegen tun sollten«, schreibt die Philosophin Amia Srinivasan. Eigentlich ist es immer wieder merkwürdig, dass ich manchmal das Gefühl habe, meine Großmutter stünde auf verlorenem Posten. Eigentlich müsste es umgekehrt sein.

Vielleicht könnten wir hier voneinander lernen. Wir jungen Menschen hinterfragen, inwieweit wir uns in unserer Abneigung, Politik bloß nicht zu individualisieren,

Steine in den Weg legen, und die Älteren eine Vorsicht entwickeln, sich durch die Existenz einer individuellen Verantwortungsübernahme nicht von den politischen Dynamiken dahinter ablenken zu lassen.

Man stelle sich nur vor, wie viel Zeit wir wieder hätten. Weil wir nicht ewig mit uns selbst ringen, was jetzt vertretbar ist und was nicht. Wir hätten Zeit, im Supermarkt, weil man wüsste, es wird dank politischer Regulierungen gar nichts angeboten, was Menschenrechte verletzt. Wir hätten Zeit, weil wir nicht ewig in Beziehungen, Freundschaften, Familien über Fleisch, Autos und Flugzeuge streiten, weil es keine Regeln gibt. Ach, die Familien, man stelle sich nur vor, wie viele Familienfeiern wieder friedlich enden könnten, weil nicht wieder »die Vegan-Debatte« geführt wird. Weil die Dinge einen Preis haben. Weil Menschen, die sich aus freien Stücken entscheiden, sich entgegen umweltfreundlicherer Optionen unökologisch zu verhalten, dafür selbst den entsprechenden Aufpreis zahlen. Und alle anderen wissen, sie subventionieren nicht die Kosten mit. Wir könnten aufhören, enttäuscht von uns zu sein. Von uns selbst und von den anderen, weil wir sie als Spielverderber oder verantwortungslos sehen. Was für ein erleichternder Gedanke.

Privilegien

Ich verstehe ihn einfach nicht«, erklärt mir meine Großmutter beim Mittagessen.

Der Computer und meine Großmutter führen eine aufreibende Ehe, stundenlang kann meine Großmutter vor mir stehen und sich beschweren: »Er hat schon wieder dies gemacht«, »Gestern wollte er partout das nicht machen«, und »Heute hat er wieder einen ganz schlechten Tag«. Wenn es aber gut läuft, für diese Phasen sorgt immer mal wieder einer ihrer Enkel, sind die beiden nicht voneinander zu trennen.

Damals, als die Sache mit dem Internet in Deutschland Fahrt aufnahm, hatte meine Großmutter sich in Sekundenschnelle bei einem Computerkurs an der Volkshochschule angemeldet. Sie glaubte, dass die neue Technologie das Potenzial habe, ältere Menschen einseitig abzuhängen. Nicht mit ihr. Und sie glaubte auch, das Internet könnte sehr ermächtigend sein für ältere Menschen. »Die ganzen Rentner!«, ruft sie, wenn sie davon erzählt, »da sind viele noch richtig fit. Auf die können wir nicht verzichten, die braucht es doch! Durch das Internet kann man auch digital gute Projekte unterstützen und sich austauschen. Das ist wichtig, dass die Rentner eingebunden sind und mitreden können.« Das sagt die mittlerweile 89-Jährige in einem Ton, als könne sie unmöglich mitgemeint sein. Ich muss lachen.

Wir bewegen uns rüber zum Computer, damit ich mal nach dem Rechten gucken kann. Rund um den Bildschirm kleben Notizzettel, Passwörter, Gedanken und Pins, daneben liegen lose Zettel, Buntstifte und ausgedruckte Zeitungsartikel. Direkt daneben: ihre Nemesis, der Drucker. Kaum sitzen wir davor, ist meine Großmutter schon wieder in Gedanken woanders. Sie erzählt von ihren neuesten Projekten, zeigt mir Fotos von Reden, die sie gehalten hat, und Links zu Zeitungsartikeln, die sie gerade beschäftigen. Es ist schon ein großes Privileg, all das machen zu können, was sie so macht, denke ich, während wir an ihrem Computer rumwerkeln. »Ein RIESEN-Privileg«, ruft meine Großmutter, als ich sie darauf anspreche.

Nach der Scheidung von ihrem Mann und der Erziehung der vier Kinder und eines Pflegesohnes musste sie sich nicht einen bezahlten Job suchen, sondern konnte sich Vollzeit ehrenamtlich engagieren. Und das tat sie in vollen Zügen. Dass Zeit für Engagement ein Privileg ist, ist auch eine Folge existierender sozialer Ungerechtigkeiten. Zeit für Engagement zu haben, sollte selbstverständlich sein, weil Arbeitsverhältnisse entsprechend gestaltet werden, weil es für eine Demokratie wichtig ist, dass Menschen Zeit und Zugang haben, sich an ihr zu beteiligen.

Während wir so vor dem Computer sitzen, gucken wir uns ein paar Mailverläufe der letzten zwanzig Jahre an.

Man gerät schon beim Lesen außer Atem. So viele Themen, Netzwerke, Aktionen. Und all dies oftmals zusammen mit Menschen, die, in Summe, sagen wir, nicht gerade herausragende Digital-Expert:innen sind. Ich lese E-Mail-Unterhaltungen, bei denen gut und gerne dreißig Leute in einem Verteiler zwanzig Mails lang verfolgen, wie Ingeborg oder Siegfried oder Hermann daran verzweifeln, einen Mail-Anhang zu öffnen – und über jeden Fehlversuch die Gruppe informieren. Aber auch durch diese (digitalen) Tiefs hindurch haben sie weitergemacht.

Meine Großmutter und ich sprechen oft über Privilegien. Auch weil wir, auf unterschiedliche Art und Weise, privilegiert sind. Zunächst scheint die Sache offensichtlich. Wir verstehen Privilegien, ob klein oder groß, als eine Art Glückslotterie: Man bekommt einen finanziellen, sozialen oder gesellschaftlichen Vorsprung, ohne selbst etwas dafür getan zu haben. Es gibt keinen Grund, sich darauf etwas einzubilden.

»Check your privileges«, sagt man heute, also: »Reflektiere deine Privilegien.« Dabei greift diese Formulierung zu kurz. Sie erfasst nicht, worum es im Kern geht. Privilegien zu »checken« wird schnell zu einer Art Pro-forma-Gedankenspiel. Es wird festgestellt, »ja, ich bin privilegiert«, eine kleine Box getickt und dann weitergemacht wie bisher. Auch der Ausdruck, jemand würde »Privilegien genießen«, ist irreführend. Privilegien verwaltet man viel mehr. Privilegien zu reflektieren ist keine Theorie. Es ist die Praxis, die Privilegien zu entfalten und zu einem

Mehrwert für andere zu machen. Privilegien sind ein unverdienter Bonus, und sie zu reflektieren, heißt, sich der Verantwortung zu stellen, sich zu informieren und einzumischen.

Privilegien sind mehr als Wohlstand oder Zeit. Privilegien haben immer eine Machtdimension, auch für meine Großmutter. Als meine Großmutter in den 80er-Jahren anfing, sich hauptsächlich dem Engagement zu widmen, stellte sie schnell fest, dass sie durch den Namen Reemtsma und durch ihre privilegierte Sozialisation Zugänge zu Räumen und Menschen hatte, die anderen verwehrt bleiben. Ich denke an ihre vielen Treffen mit Menschen aus der Politik. Sie zeigt mir ein Foto von sich auf einer Anti-Atom-Demo. »Ich habe mich da manchmal bewusst angezogen wie eine Dame aus den Elbvororten«, erzählt sie mir. »Mit Hut und Mantel und allem drum und dran. Damit die Politik merkt, dass auch die priviligierten, wohlständigen Milieus gegen Atomkraft sind, nicht nur Linke und Ökos. Wir mussten doch alles nutzen, was wir hatten, wenn wir gegen fossile Energien und die Atomlobbys ankommen wollten!«

Wir sitzen immer noch am Computer und sind in ihre E-Mail-Korrespondenzen der 90er- und Nullerjahre versunken. In dieser Zeit setzte sich meine Großmutter sehr für sogenannte existenzsichernde Löhne für Näher:innen von großen Modemarken ein, zum Beispiel Adidas. Zahlt jemand für einen Turnschuh einhundert Euro, bekommt die Näherin, die ihn näht, vierzig Cent davon. In Kambodscha, wo Adidas ein Viertel seiner Kleidung herstellen lässt, beträgt der Mindestlohn umgerechnet 158 Euro im Monat. Das reicht nicht zum Leben, rechnet meine Großmutter vor. Sie unterstützt Organisationen wie die Clean Clothes Campaign, die Adidas und andere Modekonzerne seit Jahrzehnten auffordert, existenzsichernde Löhne an ihre Näherinnen zu zahlen. Meine Großmutter spricht in diesem Zusammenhang viel von der Lyrikerin Mascha Kaléko, die einmal schrieb:

Herr, du gabst uns die Welt, wie sie ist.
Gib uns doch bitte dazu
Das seinerzeit leider
nicht mitgelieferte
Weltgewissen!

In einer globalisierten Welt sind Privilegien und die Verantwortung, die sich aus ihnen ergibt, auch eine globale Frage. Wer in Deutschland relativ wenige Privilegien besitzt, hat im globalen Durchschnitt immer noch überproportional viele. Und so ist eine große Frage im 21. Jahrhundert für die relativ Privilegierten: Was ist unsere Rolle im Kampf für globale Gerechtigkeit? Was tun wir, wenn wir durch unseren zufälligen Geburtsort, durch unsere Privilegien auf der Seite der Ausbeuter stehen? Auf Seiten derer, die den globalen Süden, die Natur ausbeuten, Arbeitskräfte, Rohstoffe und Energie?

Meine Großmutter treibt es zur Verzweiflung, persönlich miterlebt zu haben (und immer wieder nachzulesen), wie sehr die Versprechen der Globalisierung unterwandert wurden. Die globale Ungleichheit nimmt heute zu, derzeit besitzen 26 Milliardäre zusammen so viel wie die ärmsten fünfzig Prozent der Weltbevölkerung. Konzerne wie Adidas zahlen bis heute keine existenzsichernden Löhne an Menschen, die sie in Ländern wie Kambodscha beschäftigen. Sie zahlen oft die dortigen Mindestlöhne, die aber so niedrig angesetzt sind, dass zwar globale Konzerne gerne in das Land kommen, aber Existenzen nicht gesichert werden können. Bis 2020 sollte Kinderarbeit weltweit abgeschafft werden, das Ziel hat man auf 2025 verschoben, noch immer ist jedes zehnte Kind von Kinderarbeit betroffen. Statt Entwicklung für alle heißt es: Ausbeutung um jeden Preis. Meine Großmutter zitiert in diesem Kontext immer wieder Jean Ziegler, den Schweizer Soziologen und ehemaligen UNO-Sonderbeauftragten für Welternährung. Er bezeichnet diese Konzerne als »die modernen Plünderer«. Die größten fünfhundert Konzerne, so Ziegler, hätten mehr Macht als jeder König oder Kaiser in der Geschichte es je hatte. »Ich erkenne bei manchen Konzernchefs eine fast kriminielle Energie«, erklärt meine Großmutter. »Die wissen doch, welche Not diese Geschäftspraxis anrichtet.«

Das Versprechen, dass Wohlstand, der im globalen Norden geschaffen wird, irgendwann allen zugutekommt, wurde abgelöst von der Feststellung, dass das Problem viel weniger die Schaffung von Wohlstand ist als dessen Verteilung.

»Und dann sagt man noch«, und da wettert sie, »man müsse dann eben mehr Wachstum kreieren, um die Armut zu beenden. Dabei ist es doch so: Das klassische

Wirtschaftswachstum schafft global gesehen Ausbeutung und Zerstörung, nicht nur, aber eben auch. Und jetzt erzähle mir einer, es sei eine gute Idee, noch mehr Wachstum zu kreieren, damit die Ausbeutung und Zerstörung beendet werden kann. Der Fehler liegt doch in der Sache selbst. In der Frage, ob man bereit ist, Gewinne zu teilen und so zu generieren, dass kein Schaden entsteht, der viel größer ist als die Gewinne selbst. ›Zivilisiert den Kapitalismus‹, schrieb Marion Gräfin Dönhoff 1997!«

Die Klimakrise treibt die globale Ungleichheit auf die Spitze. Die hundert größten Unternehmen der Welt sind für 71 Prozent der globalen Emissionen verantwortlich. In den letzten dreißig Jahren hat das reichste Prozent der Welt, das sind etwa 63 Millionen Menschen, mehr als doppelt so viel CO_2 emittiert wie die ärmere Hälfte zusammen. Genau sie aber, die Ärmeren, trifft die Klimakrise am meisten.

Dabei geht es nicht nur um den sogenannten globalen Süden, in dem die Fluten, die Brände, die Dürren am stärksten wüten. Auch der ärmere Teil der Gesellschaft in Deutschland ist mehr von der Klimakrise betroffen als der reichere. Es sind die Ärmeren, die sich keine großen gekühlten Wohnungen leisten können, wenn die Hitzewellen kommen. Es sind die Ärmeren, die vor dem Aus stehen, wenn Brände wie in Brandenburg oder Fluten wie im Ahrtal Häuser und Wohnungen zerstören. Und es sind die Ärmeren, die weniger Zugang zu medizinischer Versorgung haben, wenn durch die schadstoffbelastete Luft Lungenerkrankungen auftauchen, es sind die Ärmeren, die die Rechnungen nicht mehr zahlen können, wenn Preise sprunghaft ansteigen, nachdem ausgetrocknete Flüsse Wirtschaftsabläufe aufgehalten haben oder Wetterextreme die Ernten zerstören.

»Freiwillige Deprivilegierung« nennt die Sozialwissenschaftlerin Luise Tremel das Konzept, mit dem der am stärksten privilegierte Teil der Welt und seine Ressourcen-Ausbeutung infrage gestellt werden. Freiwillige Deprivilegierung heißt: Die eigenen Privilegien im Zweifel gar nicht erst zu nutzen. Meine Großmutter nutzte nicht aus, was ihre Lebensverhältnisse ihr rein materiell möglich gemacht hätten. Stattdessen setzte sie sich ein, etwa, indem sie sich mit den Chefs von Adidas anlegte, um für bessere Löhne für Frauen auf der anderen Seite der Welt zu kämpfen. Für Frauen, die sie nicht kennt und niemals kennenlernen wird. Mit denen sie aber verbunden ist, wie wir alle, durch die Stoffflüsse, durch die Globalisierung, und weil deren Arbeitszeit, deren Kraft und Ausbeutung auf ihrer Seite der Welt, die Preise und Produkte und Angebote auf unserer Seite erst möglich machen.

Im Mai 2008 schreibt meine Großmutter eine Mail an den damaligen Vorstandsvorsitzenden der Adidas AG, Herbert Hainer.

Betreff: Rednerpult bei der HV am 8. Mai 2008

Sehr geehrter Herr Hainer,
ich habe mich entschlossen, auch in diesem Jahr Ihrer

HV am 8. Mai beizuwohnen und werde wahrscheinlich von dem mir übertragenen Rederecht Gebrauch machen. (…)
Im vorigen Jahr habe ich die Erfahrung gemacht, dass der Standort, bzw. die Standhöhe des Rednerpults den Rednern nicht die Möglichkeit des direkten Blickkontaktes mit den Mitgliedern des Vorstandes und Aufsichtsrates auf dem Podium bot.
Die jährliche HV ist die einzige Gelegenheit für Aktionäre und Aktionärinnen und den von ihnen Bevollmächtigten mit dem Vorstand und Aufsichtsrat persönlich zu kommunizieren.
Sie werden meinen Wunsch verstehen, dass dies in etwa auf gleicher Augenhöhe geschieht.
Deshalb wäre ich Ihnen außerordentlich dankbar, wenn Sie veranlassen würden, dass das Rednerpult so gestellt wird, dass die Redner ihre Ansprechpartner nicht nur im Saal, sondern auch auf dem Podium gut überblicken können.
Meine vage Überlegung geht dahin, mir ggf. eine Fußbank mitzubringen. Allerdings besteht dabei eine gewisse Gefahr, dass nicht nur mein kleiner Spickzettel im Eifer des (Rede-)Gefechts, sondern ich selber herunterfallen könnte – eine für alle Beteiligten nicht gerade wünschenswerte Situation.

»Ganz schön frech«, lacht meine Großmutter, als wir zusammen die Mail lesen. In aller Höflichkeit endet sie mit den Worten:

Ich bitte vielmals um Entschuldigung, dass ich Sie mit dieser Bitte persönlich anspreche, aber ich habe keine Kenntnis davon, wer für diese Maßnahme in Ihrem Konzern zuständig sein könnte.

Privilegien allein reichen nicht, um Wandel zu bewirken. Aber sie auszublenden, verkennt die Machthierarchien im sozialen Gefüge. Und es gibt eine weitere Dimension der Privilegien, die oft übersehen wird: Privilegien schaffen nicht nur Raum. Sie engen auch ein. Denn sie verstellen die Sicht auf einen Teil der Wirklichkeit. Wer nie im Schichtdienst gearbeitet hat, wird nicht verstehen, welche Realitäten diese Art von Arbeit erzeugt. Wer am Ende des Monats niemals zählen musste, für wie viele Mittagessen das Geld noch reicht, wer das Gefühl nicht kennt, wenn Post von der Behörde zu einer existenziellen Bedrohung wird, weil das Recht des eigenen Daseins in Deutschland zur Disposition steht, der weiß nicht, was existenzieller Stress bedeutet.

In der Klimakrise und auch in der Frage der globalen Ungerechtigkeiten stehen die Privilegierten sowohl auf der Verursacher- als auch auf der Gewinnerseite. Wenn nur die Privilegierten für Veränderungen einstehen würden, einfach, weil sie es könnten, wer hat dann die Perspektiven und Rechte der Deprivilegierten im Blick? Es geht nicht auf. Privilegien bedeuten Zugänge, Privilegien reflektieren heißt, sich dessen bewusst zu werden, Privilegien nutzen heißt, Zugänge für andere zu schaffen. Immer öfter setzen sich Organisationen, auch Fridays for Future, dafür ein, dass Gespräche oder Konfrontationen zwischen Menschen aus dem sogenannten globalen Süden und Menschen aus den großen globalen Unternehmen zustande kommen, die für die Ausbeutung in diesen Ländern verantwortlich sind.

Eines dieser Gespräche fand mit dem CEO einer großen deutschen Bank statt, im achten Stock, in Frankfurt am Main. Aufwendig erklärt der CEO mir und einer Aktivistin aus Uganda (deren Namen ich hier nicht nenne), warum die Bank diese oder jene Geschäftsentscheidung getroffen hätte, und dass man fest hinter den Nachhaltigkeitszielen stehen würde. Ich argumentierte, dass es ja nun mal nicht aufgehen würde, auf der einen Seite Nachhaltigkeit wichtig zu finden und die Klimaziele auch, und auf der anderen Seite den größten fossilen Konzernen der Welt das Geld zur Verfügung zu stellen, das sie brauchen, um überall neue Öl- und Gasfelder zu erschließen.

Der entscheidende Moment an diesem Morgen in Frankfurt am Main aber war die Art und Weise, wie das Gespräch endete. Da blickte die ugandische Aktivistin nachdenklich auf und sagte an den CEO gerichtet, auf Deutsch übersetzt: »Also ich habe mir das angehört und ich muss Ihnen sagen, es überzeugt mich nicht. Ich kenne doch die Realität in meinem Land. Wir können uns nicht anpassen oder einen Kompromiss finden mit der Klimazerstörung, die uns alles raubt.« Dann blickte sie dem CEO direkt in die Augen und schloss unseren Besuch mit den Worten: »Wissen Sie, ich glaube, es wäre für ihre Arbeit sehr hilfreich, wenn sie noch etwas mehr lernen würden über den Klimawandel vor Ort. Dann verstehen Sie auch besser, wovon wir sprechen«, und damit wandte sie sich mit einem freundlichen »Thanks for having us« zum Gehen. Nichts, was ich hätte sagen können, hätte so einen Eindruck hinterlassen wie der freundliche Hinweis der jungen ugandischen Frau auf eine Bildungslücke bei einem der mächtigsten CEOs Deutschlands.

Uns Klimaaktivist:innen in Deutschland wird oft vorgeworfen, wir seien privilegiert. Unter dem Strich stimmt das auch, das fängt mit der banalen Überlegung an, dass man für Aktivismus Zeit braucht, und diese Zeit zu haben, ist natürlich ein Privileg. Das geht weiter zur Hautfarbe, die große Mehrheit der Klimaaktivist:innen wird nicht rassistisch diskriminiert. Man kann diese Feststellung aus Sicht einer Aktivistin als Arbeitsauftrag verstehen: Hör zu, informier dich, überdenke dich selbst. Das ist entscheidend, Klima und Klasse lassen sich nicht trennen.

Klima und Klasse wurden in der Vergangenheit allerdings so viel und so erfolgreich strategisch vermischt und gegeneinander ausgespielt, dass mindestens so viel gelernt wie verlernt werden muss. Ein Beispiel: Ich werde in ein Fernsehstudio eingeladen, um über die Verkehrspolitik zu sprechen. Der Verkehrssektor in Deutschland ist der einzige, in dem die Emissionen seit 1990 nicht nennenswert gesunken sind. Denn Autos werden zwar effizienter, aber auch immer größer und es werden immer mehr auf den Straßen. Und wie so oft wird mir in der TV-Sendung erklärt, dass man doch an den Pendler auf dem Land denken müsse, der ja gar nicht nachvollziehen könne, was »wir Klimaaktivist:innen« gegen die Autos haben. In vielen Teilen des ländlichen Raumes in Deutschland gibt es schlechten oder gar keinen Anschluss an den öffentlichen Nahverkehr, auch in vielen Vororten von Großstädten nicht. Ist das jetzt eine gute, eine gerechte Situation? Der besagte Pendler muss viele Minuten jeden Tag damit verbringen, im Verkehr festzustecken – den Stress, den das auslöst, kennen alle. Wie ist die Situation für die Ehefrau oder den Ehemann? Was machen die, wenn das Auto weg ist? Sie sind immobil, ganz schön ungerecht. Was ist mit den Kindern, wie kommen die zu ihren Hobbys, zu Freund:innen oder Feiern? Sie sind abhängig davon, gefahren zu werden, nicht gerade befreiend, gerade wenn man älter wird. Was ist mit den Großeltern der Familie, die irgendwann zu alt werden, um Auto zu fahren? Wie kommen die von A nach B? Irgendwann dann gar nicht mehr, auch sie trifft das Fehlen von öffentlicher Verkehrsinfrastruktur.

Laut der europäischen Umweltagentur kommt es jedes Jahr in Deutschland zu über 13 000 vorzeitigen Todesfällen – wegen der schlechten Luft, unter anderem durch den Verkehr. Wer pflegt die Menschen, die an der dreckigen Luft erkranken? Menschen wie meine Mutter, die Krankenschwester. Wenn saubere öffentliche Verkehrsinfrastruktur fehlt, lastet das indirekt auch auf dem ohnehin überlasteten Gesundheitssystem und den überlasteten Menschen, die dort arbeiten. Meine Mutter musste selbst jahrelang zum Krankenhaus pendeln, sie hat es gehasst. Noch vor der Frühschicht im Stau zu stehen, war kein Stück Freiheit oder Privileg für sie, es hat sie eingeengt und ihr Zeit geraubt.

Jahrzehntelang hat man die Verkehrsinfrastruktur in Gänze vernachlässigt und einseitig darauf gesetzt, dass immer mehr Menschen immer mehr Autos kaufen. Wer das infrage gestellt hat, dem wurde, so wie mir, vorgeworfen, die Realität nicht zu kennen vor lauter Privileg.

Diese Herangehensweise war nicht hilfreich und nicht mal wahrhaftig. Sie hat am Ende des Tages nicht denjenigen geholfen, über die man hätte sprechen sollen, sondern ganz anderen – und zwar den Automobilkonzernen und ihren Absatzmärkten. Privilegien sind nicht schwarz und weiß, sie heißen lernen und sie heißen verlernen. Wer zur Arbeit pendeln muss, ist nicht Schuld daran, dass die Emissionen im Verkehrssektor ungebremst steigen und Erkrankungen und Klimaschäden verursachen, denn dafür gibt es Regierungen. Es ist ihr Auftrag, ausgleichend einzugreifen und dafür zu sorgen, dass der Zugang zur Mobilität beispielsweise nicht mehr von dem Privileg abhängt, sich ein Auto leisten oder es fahren zu können. Passiert das aber nicht, werden soziale Ungerechtigkeiten und die Menschen dahinter effektiv gegeneinander ausgespielt.

Auch das erlebt meine Großmutter immer wieder, beispielsweise wenn es um die faire Bezahlung der Näherinnen von Adidas geht. Da wird immer wieder erklärt, die Preise für die Schuhe dürften in Deutschland nicht steigen, das sei sonst ungerecht den Menschen mit geringerem Einkommen gegenüber.

»Die Frage ist doch: Warum gibt es Menschen, die so wenig Geld im Monat zur Verfügung haben?«, ruft meine Großmutter empört. Das ist ein Missstand, keine Rechtfertigung! Man nimmt eben diese Menschen und führt sie und ihre Kaufkraft als Rechtfertigung von Ausbeutung in Kambodscha an. Dabei stellt man fest: Gute soziale Politik sollte in Deutschland dafür sorgen, dass ein Preisanstieg von ein paar Euros niemanden davon abhält, etwas zu kaufen. Dafür braucht es entsprechende Mindestlöhne und Absicherungen. Und gerechte Wirtschaftspolitik sollte dafür sorgen, dass kein Konzern Menschen derart ausnehmen darf, wie etwa diese globalen Labels es tun.

2013 starb der Diplomat Stéphane Hessel. Als meine Großmutter davon erfuhr, saß sie gerade im Zug nach Danzig, zum Familientreffen. Hessel war prägend für sie, in seiner Streitschrift *Empört euch* hatte er noch mit 93 Jahren geschrieben:

»Es ist höchste Zeit, dass Ethik, Gerechtigkeit, nachhaltiges Gleichgewicht unsere Anliegen werden. Denn uns drohen schwerste Gefahren, die dem Abenteuer Mensch auf einem für uns unbewohnbar werdenden Planeten ein Ende setzen könnten.«

Meine Großmutter versteht das als Auftrag. »Es gibt schon viele verantwortungsbewusste Menschen in allen Lebensbereichen, die sich finanziell und ehrenamtlich intensiv einsetzen, aber es sind längst nicht genug!«, sagt sie dazu.

Privilegien einzusetzen heißt auch, diejenigen in die Pflicht zu nehmen, die am meisten Verantwortung tragen: Das sind die Privilegierten selbst. Die (relativ) Wohlständigen, deren CO_2-Fußabdruck statistisch am höchsten ist und deren Kapazitäten, daran etwas zu verändern, im Zweifel auch. Es sind die Menschen, bei denen sich gesellschaftliche Handlungsmacht ansammelt. Es sind diejenigen, die es sich leisten können, etwas anders zu machen, und die etwas anders machen müssen, wenn wir noch eine Chance auf Klimagerechtigkeit haben wollen.

Wer kann von ihnen wirkungsvoller und authentischer eine aktive, selbstbewusste De-Privilegierung einfordern als Menschen aus ihrem Umfeld? Und diese De-Privilegierung ist dringend notwendig, schlicht, weil die Lebensverhältnisse der Privilegierten so sehr aus dem Ruder gelaufen sind. Dabei sind die Informationen über die ökologischen Konsequenzen für alle verfügbar, die auch nur einen Augenblick danach suchen. Wer im Internet aufwendige Reisen zu pazifischen Inseln buchen kann, wird auch in der Lage sein herauszufinden, dass diese Inseln untergehen werden, wenn der privilegierte Teil der Weltbevölkerung so weitermacht wie bisher. Dennoch steigen die Absatzzahlen für SUVs, Kreuzfahrtunternehmen verbuchen Rekordgewinne, die Häuser werden größer und Konsummuster immer absurder.

An diesem Punkt geht es darum zu erkennen, dass gutes Zureden allein nicht reicht. *Wir wissen seit Langem im Detail, welche Verhaltensweisen nicht mehr akzeptabel sind, weil sie die Gefahr, in der sich die Menschheit befindet, weiter verstärken. Aber viel zu viele machen weiter, als ginge sie das nichts an. Ignoranz, Rücksichtslosigkeit, Egoismus, Gier sind da zu oft im Spiel*, wirft meine Großmutter ein. *Mit manchen Dingen muss Schluss sein.* Es braucht Regeln. Nach allem, was wir in der Welt sehen, ist die freundliche Bitte, doch bitte keinen neuen SUV zu kaufen, nicht ewig auf die Malediven zu fliegen oder im eigenen Unternehmen nicht auf immer mehr fossile Energien zu setzen, nicht genug. Deshalb sollten sich vor allem diejenigen, die das Privileg haben, sich frei zu entscheiden, dafür einsetzen, dass gewisse Privilegien irgendwann nicht mehr existieren oder ihre Nutzung eben sehr, sehr teuer wird. So zu leben, als hätte man acht weitere Erden zur Verfügung, das ist schon lange kein Privileg mehr, sondern ökologische Rücksichtslosigkeit.

Regenerieren

Als wir zusammen um den Block spazieren, zeigt meine Großmutter auf eine Birke in einem Garten. »Guck dir das an, so kümmerlich lässt sie die Schultern hängen. Ach, die Arme.« Sie spricht von der Natur nicht anders als von Menschen. Alles ist Leben, alles ist eins. »Die Birke wird sich wohl bald verabschieden.«

»Warum?«, frage ich sie.

»Alles wegen dem Klimawandel! Ich habe das recherchiert, die Birken sind eigentlich nicht anspruchsvoll, aber diese schnellen Wechsel der Extreme – Hitze, Kälte, Trockenheit, Nässe – das können sie nicht ab. Und was mich so betrübt: Ich befürchte, viele Leute hier in der Straße bekommen gar nicht mit, dass es dem Baum nicht gut geht.«

»Warum, denkst du, ist das so?«, frage ich sie. Hoch über uns wankt die Birke im Wind.

»Ich schätze, Klima ist für viele weit weg«, sagt sie. »Und der Blick auf das natürliche Leben um uns herum, der hat sich verändert.«

Der Krieg und später die Knappheit konnten ihr Verhältnis zur Natur nicht trüben. In ihrer Erinnerung ist ihre

Kindheit, zumindest, wenn sie vom Herumstromern zwischen Wiesen und Wäldern erzählt, ein großes Abenteuer gewesen, unter ihr wildes Gras, über ihr der endlose Himmel, und der Takt ihrer Welt war das Tempo ihrer eigenen Schritte.

Das Klima kam in der ersten Lebenshälfte meiner Großmutter im öffentlichen Diskurs in Westdeutschland eigentlich kaum vor, Umwelt- und Naturschutzthemen allerdings schon. Die meisten davon waren konkret, lagen vor der Haustür, Themen zum Anfassen. Im Laufe des 20. Jahrhunderts erlebte dann nicht nur die Welt, sondern auch die Umwelt eine Art Globalisierung. Die Horizonte wurden gestreckt, zeitlich und räumlich.

Global wurde es etwa durch die Katastrophe von Tschernobyl 1986 und, im Jahr darauf, durch die internationalen Anstrengungen, das sogenannte Ozonloch zu schließen. Heute überlagert die Klimakrise den Diskurs so sehr, dass man nicht mehr ganz sicher sein kann, ob die Menschen noch wissen, dass auch die Lage der Natur, der Umwelt, der Artenbestände kritisch ist. Das Klima ist abstrakt, scheint weit weg, und es hat nur etwas mit Emissionen zu tun.

Ich habe Glück gehabt, es gab viele Naturstunden in meiner Kindheit. Viele Tage in den Dünen in Dänemark oder auf Hütten in den österreichischen Alpen. Aber die Natur war immer etwas, über das ich etwas gelernt habe, nie etwas, von dem ich gelernt habe. Für viele ist die Natur heute vor allem eine Foto-Opportunity, ein Tagesausflug.

Meine Großmutter bleibt auf dem Gehweg stehen und guckt auf eine kleine Steinmauer neben uns. »Guck mal«, sagt sie, »das würde die Kleinen freuen.« Ganz langsam krabbelt ein kleiner Marienkäfer längs der Mauer. Seit einigen Jahren ist meine Großmutter auch Urgroßmutter. Stundenlang sitzt sie mit ihren Urenkeln am Gehwegrand oder im Garten und beobachtet Käfer, danach berichten sie ausführlich von ihren Entdeckungen.

Kein Mensch könnte auch nur einen Tag auf der Welt überleben, gäbe es nicht die Millionen Arten und ihre Ökosysteme. Und nun sind wir im sechsten Massensterben der Arten, beim fünften starben die Dinosaurier. Die Klimakrise treibt das Artensterben an, aber es gibt auch zusätzliche menschliche Faktoren, die dafür verantwortlich sind, die industrielle Landwirtschaft zum Beispiel. Tiere, Insekten und Pflanzen sterben in einer Geschwindigkeit aus, die es seit 65 Millionen Jahren nicht mehr gegeben hat. So erleben wir nun den unbegreiflichen Augenblick der Menschheitsgeschichte, in dem die Lebensgrundlagen von uns selbst so stark gefährdet werden, dass es auch uns als Art direkt bedroht.

Meine Großmutter fragt sich, was ihre Enkel und vor allem Urenkel dadurch verlieren. Was werden sie alles nicht mehr sehen? Ihre Urenkel leben in London. Was sie schon jetzt nicht mehr kennen: Nachts rauszusehen und die Sterne am Himmel zu zählen. Die Licht- und Luftverschmutzung verhängen sie.

Meine Großmutter hat sich, wie viele andere, jahrzehntelang gegen Pestizide und die Zerstörung von Naturflächen eingesetzt. Immer wieder ist sie mit auf die Straße gegangen, wenn Umweltorganisationen dazu aufgerufen haben, hat Flyer verteilt und Schilder an Straßenlaternen gehängt. »Der Erhalt von Naturflächen muss immer wieder erkämpft werden!«, erklärte sie mir dann. »Gegen die ewige Versiegelung durch Autobahnen, Industrieflächen und all das. Sonst bleibt irgendwann nichts mehr übrig.«

Wie ich sie so erlebte, in den Gesprächen über Bachläufe und seltene Arten in den geschützten Flächen neben der Elbe, kam mir das alles so klein vor. Ich war der Ansicht, es sei wichtiger, zuerst den Klimakollaps aufzuhalten, damit überhaupt noch was von der Natur übrig bleibt. Dabei ist es vielmehr so: Die gesunde, widerstandsfähige Natur ist die beste Chance darauf, die schlimmsten Klimakatastrophen zu verhindern. Die Wälder, die Böden, Moore, die Ökosysteme im Ozean speichern den allergrößten Teil der Treibhausgase, viel mehr als in der Atmosphäre sind. Werden die Wälder gerodet, die Moore ausgetrocknet, die Böden ausgelaugt, dann stirbt damit auch das Schutzschild der Menschen vor der Klimakrise. Die Klimakrise als Ressourcenfrage zu verstehen, ist entscheidend, um aus der Klimakatastrophe nicht blind in neue Formen der Zerstörung abzudrehen. Wer meint, die Aufgabe sei schlicht, CO_2 einzusparen oder auszugleichen, kann endlose Monokulturen auf einst geschützten Gebieten gut finden, wo mit Baumplantagen die CO_2-Produktionen westlicher Industrien ausgeglichen werden sollen, aber nebenbei die Artenvielfalt, der Boden, die indigenen Rechte gefährdet werden. Der kann es auch unterstützen, wenn durch Tiefseebohrungen im Sinne der Technologisierung nach neuen Wertstoffen gesucht wird, aber nebenbei marine Ökosysteme zerstört werden. Oder wenn SUVs in Innenstädten nicht abgeschafft, sondern elektrifiziert werden, oder wenn die Rinder-Massentierhaltung auf endlosen Flächen bedingungslos fortgesetzt wird, solange die Kühe anderes Futter bekommen und weniger klimaschädliches Methan produzieren und so weiter. Sobald aber der ökologische Kollaps als Ressourcen- und Verteilungsfrage gedacht wird, in der es darum geht, die Ausbeutung und das Leben über den Verhältnissen zu beeenden, entpuppen sich so viele Reaktionen auf die Krise als ihre Fortsetzung. Dann steckt in so vielen der scheinbaren Antworten eine neue Form der Ausbeutung von Ressourcen, von Menschen und Lebensgrundlagen.

Ich werde immer öfter gefragt, ob »es« nicht schon zu spät sei. Manchmal scheint die Motivation dahinter weniger die echte Sorge zu sein, sondern die leise Hoffnung, dass man nicht mehr gefragt ist, sich einzubringen. Oft wirkt es so, als wüssten die Menschen dann selbst nicht genau, was mit »es« gemeint ist. Die globale Temperaturerhöhung auf 1,5 Grad zu begrenzen? Die Zukunft? Die schlimmsten Katastrophen zu verhindern? Na ja, irgendwie das große Ganze.

Und meine Großmutter? Sie fährt durch den strömenden Hamburger Regen und sieht um sich herum ein einzigartiges Zusammenspiel von unzähligen Elementen, von denen die meisten für das menschliche Auge nicht zu erkennen sind. Meine Großmutter radelt durch den Regen und ist eins. Mit dem Wasser, mit der Luft, mit der Erde.

»Ich freue mich, dass ich mich freue«, sagt sie dann, als sie mir später davon erzählt. Die Freude verdrängt die Katastrophen nicht. Viel eher strahlt die Freude durch sie hindurch, bahnt sich Wege in die Welt und zurück.

Der Kulturphilosoph Charles Eisenstein beschreibt die Verbundenheit der Menschen mit der Natur als entscheidend, um den Kontakt zur Welt nicht zu verlieren. Um Kraft und Sinn darin zu finden, sich für Veränderungen und das Ende der ökologischen Zerstörung einzusetzen. Als etwas, das uns so viel beibringen und geben kann. Heilung, Ruhe, Schönheit, Nahrung.

Mascha Kaléko schreibt:

Ein Mann, ein Fels, ein Käfer, eine Lilie
Sind Kinder einer einzigen Familie.

Wir wissen nicht, wie eine Welt aussieht, in der die Umwelt für uns wieder zur Mitwelt geworden ist. Wir wissen nicht, wie eine Welt aussieht, in der wir uns so verhalten, als seien wir wahrhaftig ein Teil von ihr. Aber wir sollten es dringend herausfinden.

Wenn meine Großmutter und ich spazieren, unterbricht sie mich immer wieder, damit wir das Rotkehlchen am Efeu hinter mir begutachten können, oder sie springt auf und geht nachgucken, welcher Schmetterling sich gerade am Flieder bedient. Wir laufen zusammen die Straße runter, aber wir sind dabei niemals nur zu zweit.

Als Kind sind meine Geschwister und ich bei Regen wie selbstverständlich durch den Garten gelaufen, in Unterhosen und Gummistiefeln. Nimm einen Moment und ergebe dich. Dem Wind, den Blättern, den Vögeln, dem Knirschen der Äste.

Jahrzehnte-, jahrhundertelang wurde die Natur als Antagonistin zum Menschen und zu wachsenden Gesellschaften stilisiert. Und nun, nach all der Ausbeutung, der Destabilisierung von fragilen ökologischen Systemen, werden die Lebensräume auf der Welt für viele Menschen immer gefährlicher, werden Lebensgrundlagen zu Todesursachen. Umso rabiater schlägt man zurück, eine tödliche Spirale. Für alle. Die Philosophin Eva von Redecker schreibt dazu: »Was wir verlieren, sind nicht nur die Dinge in der Natur. Was den Wandel so bedrohlich und unabsehbar macht, ist, dass wir in gewisser Weise den Rahmen der Natur gesprengt haben.«

Es wird immer schwerer, beim Blick über die Felder nicht nur den ausgetrockneten Boden und Monokulturen, beim Blick über die Küsten nicht nur die Erosionen und abgetragenen Strände, beim Blick über das Meer nicht nur die Versalzung, beim Blick in den Himmel nicht nur die Emissionen zu sehen.

Im Herbst verteilt meine Großmutter die Blätter der Bäume auf dem Grab meines Vaters, damit der Boden geschützt wird und im nächsten Frühling dort wieder Blumen wachsen. Leben und Tod, dicht an dicht.

Der Marienkäfer auf der Gartenmauer, die Nähe zu konkreten natürlichen Elementen birgt die Gefahr, das große Ganze aus dem Blick zu verlieren. Aber wer alles nur global betrachtet, droht, den Blick für das Wesentliche zu verlieren. Das Gefühl in den Fingerspitzen, wenn man über die spröde Rinde der Eiche oder die samtigen Blätter des Frauenmantels streicht, erdet, nicht nur im übertragenen Sinne. Es hilft, sich zu vergegenwärtigen, dass immer alle Türen offen stehen, um etwas zu tun, sich einzusetzen. Nicht aus Angst vor der Welt, sondern aus Liebe zu ihr.

Stell dir den letzten Menschen vor, allein in einer postapokalyptischen Welt. Dieser Mensch bist du. Würdest du noch die Blumen gießen, das Regenwasser für die Vögel auffangen oder dem einsamen Frosch zurück in den Teich helfen? Für den Regenwurm vor uns ist es noch nicht zu spät. Auch nicht für die Lerche da drüben, oder das kleine Wäldchen die Straße runter. Oder für die Birke. In der Klimabewegung sagen wir oft, wir kämpfen für jedes Zehntelgrad weniger Erderwärmung. Aber es ist viel mehr als das. Wir kämpfen auch für jedes Ökosystem, jeden stürmischen Herbsttag, an dem noch Blätter gesunder Bäume durch die Luft fliegen. Für die Flüsse, die auch nächstes Jahr noch Wasser tragen müssen, ganz egal wo auf der Welt. Die Hoffnung liegt nicht am Ende des Weges, sondern in uns, die ihn begehen. Die Energie und Hoffnung, die man in die Zukunft steckt, sei es der nächste Tag oder der nächste Augenblick, ist das, was die Gegenwart erst lebenswert macht.

Meine Großmutter und ich sind beim Botanischen Garten angekommen. Sie kommt häufig her. Vor dem Eingang steht die Skulptur von Adam, der in den Apfel beißt, vor der sie zu Beginn der Pandemie Postkarten verteilt hat. Neben der Statue steht eine kleine Stele. Meine Großmutter hatte sich dafür eingesetzt, dass sie dort platziert wird. Sie hatte Zweifel, ob Besucher des Gartens die Bedeutung des Adams auch ohne Erklärung verstehen würden. Dafür war sie extra zu dem Künstler gefahren, der den Adam 1982 geschaffen hatte. Die Erklärung des Künstlers ist in die Stele eingraviert.

Dieser Adam ist keine Idealgestalt,
denn er steht für die Menschheit,
die im Inbegriff ist, das Gleichgewicht der Natur und sich selbst zu zerstören.
Hier soll mahnend daran erinnert werden, dass ein Paradies zu verlieren ist.

Gegen die Ohnmacht

Das *Hamburger Abendblatt* liegt auf dem Tisch. »Der allerletzte A380 hat Hamburg verlassen«, lese ich, meine Großmutter hat es mit gelbem Marker angestrichen. »Das kann doch nicht wahr sein! Und jetzt tun die noch so überrascht! Dabei war das doch von Anfang an klar!«

Zwanzig Jahre lang hatte meine Großmutter mit ihrer Umweltgruppe und vielen anderen in Hamburg gegen den A380 gekämpft. »Was haben wir uns reingehängt.«

Ende der 1990er wurde bekannt gegeben, dass Airbus, damals noch der Rüstungskonzern EADS, den Standort Hamburg für die Produktion vom A380 nutzen möchte, ein »vierstrahliges Großraum-Langstreckenflugzeug«. Das größte Passagierflugzeug weltweit.

Um genug Platz für den Bau sowie Start- und Landebahn zu haben, musste das Werksgelände auf der südlichen Elbseite erweitert werden. Dafür sollte ein Fünftel des sogenannten Mühlenberger Loches zugeschüttet und betoniert werden. Es ist eines der größten Süßwasserwatten Europas, es steht unter vielfachem rechtlichen Schutz, unter anderem ist es durch die außergewöhnliche Artenvielfalt ein sogenanntes Flora-Fauna-Habitat. Der Konzern wiederum versprach der Stadt viele tausend neue Arbeitsplätze und Steuereinnahmen, bis 2020 wurde ein Bedarf von mindestens 1200 der Großraumflugzeuge prognostiziert.

Die Produktionslogistik hinter dem A380 ist komplex, in den Worten meiner Großmutter *ein Wahnsinn.* Nur für die Endmontage sollte das Flugzeug nach Hamburg kommen, ein Bruchteil des gesamten Produktionsprozesses. Auch deshalb ist die Logistik ein Politikum. Statt Flächen in umliegenden Bundesländern zu nutzten, wird die städtische Fläche des Stadtstaates Hamburg vergrößert. *Alles für die Steuereinnahmen! Aber zu welchem Preis?* 670 Millionen Steuergelder investierte die Stadt Hamburg bis 2006 in das A380-Projekt, die Obstbauern und Landwirte befürchteten durch die Umwelteingriffe Arbeitsplatzverluste und Ernteausfälle, Anwohner an der geplanten Landebahn sorgten sich um den Fluglärm, Umweltschützer beklagten die Zerstörung der Ökosysteme.

Im Jahr 2000 werden über zweihundert Klagen von Anwohner:innen und Naturschutzverbänden eingereicht, meine Großmutter und ihre Umweltgruppe machen mit. Später erlässt das Verwaltungsgericht einen Baustopp, doch die Stadt und der Konzern setzen sich durch: Nur kurze Zeit später wird er aufgehoben, und das Mühlenberger Loch in weiten Teilen zugeschüttet. Es liegen zu dem Zeitpunkt 85 der prognostizierten 1500 Bestellungen für den A380 vor. *Das war doch klar, dass das wirtschaftlicher Irrsinn ist, ein Verlustgeschäft!*

Mit der Zerstörung vom Mühlenberger Loch bricht Deutschland das von 123 Vertragsstaaten unterschriebene internationale Übereinkommen zum Schutz von Feuchtgebieten. Später folgt wegen Verletzung von europäischem Naturschutzrecht ein EU-Vertragsverletzungsverfahren. »Aber es wusste ja niemand, was eine RAMSAR-Konvention ist!«, sagt meine Großmutter.

Wir verteilen viele Infoblätter und kämpfen so ziemlich verzweifelt gegen eine massive Propaganda des Senats, der das Wahnsinnsprojekt auf Biegen und Brechen gegen Recht und Gesetz durchsetzen will. Morgen ist in Othmarschen wieder eine Kläger- und Infoveranstaltung, schreibt meine Großmutter 2002 in einer Mail an eine Freundin.

Zwanzig Jahre lang klagen meine Großmutter und viele andere, protestierten, organisierten Allianzen mit den lokalen Landwirten. »Was jeder Bürger über das Mühlenberger Milliardenloch wissen sollte«, heißt es dick auf einem doppelten A4-Bogen der Aktivist:innen, der mit Tageszeitungen in zehntausende Haushalte in Hamburg geschickt wird. Wie sehr die versprochene Zahl an Arbeitsplätzen übertrieben ist, wie gering die Wirtschaftlichkeit und wie groß der ökologische Schaden ist. Aus vielen der Zeitungen selbst hingegen erfährt die Öffentlichkeit vor allem von der scheinbaren Wirtschaftlichkeit des Projektes.

Sehr geehrte Redaktion, schrieb meine Großmutter später an den SPIEGEL, *am 25.11.2004 hatte ich Ihnen ein Schreiben zugeleitet, in dem ich Sie auf einige falsche und irreführenden Formulierungen in Ihrem Text zum Airbus-Streit hingewiesen habe. Ich bin entsetzt, dass diese suggestiven Falschmeldungen auch bei Ihnen weitergehen.*

Dem Chefredakteur des *Hamburger Abendblattes* schreibt sie:

> *Durch Ihre so einseitige Berichterstattung sind Ihre Leser völlig falsch gepolt worden. Hamburger assoziieren mit der Zerstörung des Mühlenberger Loches und Teilen des Alten Landes ausschließlich tausende von Arbeitsplätzen und wissen nicht, dass sie einer groben Täuschung erlegen sind.*
> *Kaum jemandem ist klar, dass der flugfertige, vorlackierte Riesenvogel über dichtbewohntes Gebiet hereingeflogen wird, um hier lediglich endlackiert und innen ausgebaut zu werden. Nur für diese beiden Arbeitspakete von deutlich weniger als ein Prozent der Bruttowertschöpfung wird die Gelände-Erweiterung in ein Naturschutzgebiet hinein mit den in Deutschland größten Industrie-Hallen und die Verlängerung der Landebahn benötigt. Ergebnis: Schäden katastrophal – Kosten überdimensional – Arbeitsplätze minimal.*

Wie bei so vielen ökologischen Konflikten breitet sich die Geschichte der Guten und Bösen aus: Auf der einen Seite die Naturschützer und die privilegierten Menschen am Elbhang, denen das Panorama verbaut wird, auf der anderen die Wirtschaft, die Arbeitsplätze, das Wachstum.

An eine Mail an die *Hannoversche Allgemeine Zeitung* fügt sie an:

Ich möchte betonen, dass ich weder in der Airbus-Einflugschneise noch in Blankenese mit Elbblick wohne. Es ist deprimierend, davon ausgehen zu müssen, dass diese Mitteilung Sie nicht daran hindern wird, mich demnächst – weil es so schön (auch wegen des Namens) in Ihre Kampagne passt – als egoistische Frau am Elbhang anzusiedeln.

Die Empörung kommt nicht nur aus den ökologischen Schäden alleine. Sondern, dass man es besser wusste, und dieses Wissen bewusst nicht politisch verbreitete, geschweige denn einsetzte. Und, dass man die Menschen gegeneinander ausspielte. Wie viele Arbeitsplätze hätte man aus den Steuergeldern schaffen können, wenn sie nicht an Airbus gegangen wären? Oder warum nicht wenigstens Arbeitsplätze an anderen Standorten schaffen, wo keine zusätzliche ökologische Zerstörung notwendig ist? Welchen Wert hat die Natur? Und die Heimat der Menschen auf den Elbinseln? Woher kommt diese Weigerung, wirtschaftliche Entwicklung nachhaltig und gerecht und ökologisch zu gestalten? Auch hier: die Fossilität. Sie hat Vorrang. Komme was wolle. Der Bau der Produktionsfläche verzögert sich über die Jahre massiv, gestoppt wird er durch die Proteste aber nicht. 2007 wird der erste A380 ausgeliefert.

Als meine Großmutter mit mir über dem aufgeschlagenen *Hamburger Abendblatt* steht, ist es 2021 und der letzte A380 hat Hamburg verlassen. 251 dieser größten Passagierflugzeuge wurden gebaut. Das Flugzeug war ein

Milliardenverlust für Airbus, auch die Stadt Hamburg verkalkulierte sich massiv. Heute lesen sich die Flugblätter von damals wie zynische Prophezeiungen.

Wie kommt man an gegen die fossile Industrie? Gegen die Zerstörung? Gegen all die Geschichten, die erzählt werden, um der Zerstörung einen wohlständigen Klang zu geben? Um fossile Expansion um jeden Preis mit Fortschritt und Entwicklung gleichzusetzen?

Zwanzig Jahre lang hat meine Großmutter mit vielen anderen gegen den Bau vom A380 in Hamburg gekämpft. Zwanzig Jahre lang hat man in allen möglichen Gruppen und Konstellationen kollektive Macht aufgebaut. Die Empörungsenergie von ihnen allen wurde eingesetzt, in jedem erdenklichen Maße. Macht fällt nicht vom Himmel. Macht muss aufgebaut werden. In der Politik machen das Menschen, indem sie sich wählen lassen, hocharbeiten, vernetzen. In der Zivilgesellschaft passiert das, indem man sich zusammentut und organisiert. So strategisch wie möglich und so laut wie nötig.

Nach zwanzig Jahren haben nicht nur die Umweltaktivist:innen, die Anwohner:innen und die Natur verloren. Auch die wirtschaftlichen Akteure haben verloren und die Politik. Und am Ende alle, eine Gesellschaft, die auf intakte Lebensgrundlagen, auf ein funktionierendes Ökosystem Elbe, auf eine Politik, die echte Kosten abwägen kann, gesetzt hat.

Man hat ebendie Gebiete, die durch die Klimakrise und den Anstieg des Meeresspiegels überproportional betroffen sein werden – die Elbinseln und die lokalen Ökosysteme – zerstört, noch bevor es die Klimaveränderungen getan haben. All das, für einen Produktionsprozess, der in Summe die Klimakrise zusätzlich beschleunigen wird. Eine Tragödie im Quadrat.

Was folgt aus der Geschichte dieses Widerstandes?

Ist es eine Geschichte der Vergeblichkeit, weil der A380 trotz aller Proteste und trotz aller guten Argumente nach Hamburg kam? Ist es Ohnmacht, die sich in der Küche ausbreitet, als wir davon über die Zeitung gebeugt lesen?

Wer die Geschichten schreibt, hat die Macht über die Geschichte.

Als wir im Laufe des Nachmittags in den Zeitungen davon lesen, wird der A380 als Erfolgsprojekt und der Widerstand dagegen höchstens als kleine Notiz skizziert. Laut vielen Berichten war Widerstand zwecklos, der Kampf der Menschen vergebens, die Macht der Fossilität unbezwingbar. Der Lauf der Geschichte Hamburgs wird als Einbahnstraße, als unveränderbar dargestellt. Durch sie wird der Zerstörung ein rationaler Klang gegeben. Nichts daran inspiriert, sich ebenfalls einzusetzen. Im Gegenteil.

Wenn ich aber meiner Großmutter zuhöre, erfahre ich eine ganz andere Geschichte. Sie beschreibt keine Geschichte der Machtlosigkeit, keine Geschichte der Ohnmacht. Sie erzählt von einem beispiellosen Widerstand über all die Jahre hinweg, von Durchhaltevermögen und Kreativität. Sie erzählt von Allianzen, von Macht, die dort gewachsen ist, wo Menschen sich nicht haben gegeneinander ausspielen lassen, Landwirt:innen und Wissenschaftler:innen nicht, und Naturschützer:innen und Anwohner:innen auch nicht.

Sie berichtet von Wissen und Fähigkeiten, die erarbeitet wurden, die nicht verschwunden sind, als der letzte A380 abgehoben ist. Ich erfahre von Protest vor Ort, vor Gericht, auf den Straßen und in politischen Räumen.

In der Vergangenheit haben Gegner von sozialen Bewegungen diesen immer wieder Macht und Erfolg abgesprochen. Und das, während sie immer wieder unauffällig und vor allem unerzählt auf den Gegendruck reagierten. In einem Augenblick wird eine Forderung als naiv und radikal, im nächsten als Selbstverständlichkeit behandelt. Der entscheidende Prozess des sozialen Wandels wird unsichtbar gemacht.

Ein kurzes Beispiel lieferte der Bundestag im Jahr 2021: Als Finanzminister Christian Lindner erneuerbare Energien kurz nach der Invasion Russlands in die Ukraine in einer Bundestagsrede prominenterweise als »Freiheitsenergien« bezeichnete, stellte er diese Einordnung als Selbstverständlichkeit dar. Dabei war sie das natürlich nicht. Bewegungen, Wissenschaft und Zivilgesellschaft haben jahrzehntelang darauf hingewirkt, dass die Erneuerbaren bekannt und rentabel werden konnten, sie haben den politischen Diskurs verschoben und es normalisiert, dass erneuerbare Energien schließlich überparteilich Unterstützung finden.

Der entscheidende Moment, in dem Druck wirkt und etwas ins Wanken kommt, ist das am besten gehütete Geheimnis derjenigen, die sich bis zuletzt dagegen gewehrt haben. Diejenigen, die nie ein Interesse daran hatten, dass Widerstand Erfolg hat, werden auch niemals die ermächtigende Geschichte dahinter erzählen. Seien es Medienhäuser, politische Organisationen oder Lobbygruppen. Sie werden immer eine entmutigende Geschichte über zivilen Aktivismus und seine vergeblichen Kämpfe erzählen. Das ist ihre Strategie.

Es ist leicht, sich dadurch glauben zu machen, dass alles vergebens sei, die Ziele illusorisch und die Machtgefälle schlicht zu groß. Diese Geschichte ist eine Falltür zur Ohnmacht. Paradoxerweise wird diese Falltür von Umwelt- und Klimaorganisationen immer wieder selbst aufgestoßen. Dann wird sich aus lauter Erschöpfung nach den zehrenden Kämpfen kurzerhand der eigene, vollumfängliche Misserfolg attestiert. Manchmal ist es auch ein Versuch einer Vorwärtsverteidigung: Bevor eine fremde Instanz die eigene Fehlerhaftigkeit anprangert, macht man es lieber selber. Wenn die Macht über die Geschichte abgegeben ist, hat die Ohnmacht freie Bahn. Denn die Geschichten, die dann übrig bleiben, sind kraftlose, vorgeschriebene Geschichten der Verzweiflung und Vergeblichkeit. Sie erzählen von schlechten Menschen, die schlechte Dinge tun und für die Zukunft nur schlechte Perspektiven überlassen.

Es anders zu machen kostet Kraft. Denn der andere Teil der Geschichte, der muss selbst erzählt werden. Dieser Teil erzählt von den Energien, die im Widerstand erwachsen sind, von dem Wissen, das angesammelt wurde, von den Netzwerken, die geschaffen wurden.

Im Bezug auf den Widerstand meiner Großmutter erzählt diese Geschichte auch von den Bedenken und Hürden, die von nun an für die Hamburger Regierung für jedes weitere Projekt dieser Art im Raum stehen. Und von den Diskursverschiebungen, die geschaffen wurden, von dem wachsenden Druck auf Industrien und Stadtpolitik. Die Geschichte des Widerstandes gegen die Ohnmacht verläuft nicht linear, sie ist verknotet und chaotisch. »Wir wissen nicht, was passieren wird, oder wie oder wann es passieren wird«, schreibt die Philosophin Rebecca Solnit, »und genau diese Unsicherheit ist unser Ort der Hoffnung.«

Die andere Geschichte, die man selbst schreibt, ist nicht nur eine einzelne Erzählung. Sie ist multiperspektivisch, genährt und gewachsen aus unterschiedlichsten Blickwinkeln. Das macht sie stark, sie kollabiert nicht, wenn eine einzelne Stimme ins Wanken gerät. Und aus dieser anderen Geschichte entspringen weitere Geschichten.

Ein Beispiel: Wenn man heute Menschen befragt, die sich beruflich oder aktivistisch für eine gerechte und nachhaltige Welt einsetzen, dann berichten sie oft von Momenten oder Erfahrungen, die sie inspiriert oder motiviert haben. Und in den meisten Fällen waren das keine Momente, von denen man groß Notiz nehmen würde. Eine kleine Aktion, in die man zufällig reingestolpert ist, die ermutigenden Worte einer Person im persönlichen Umfeld oder ein einprägsamer Bericht über eine Ungerechtigkeit. Jeder dieser Momente könnte für das große Ganze als irrelevant abgetan werden. Jeder dieser Augenblicke könnte Teil einer Geschichte des Scheiterns und des Misserfolgs sein, eine schlecht besuchte Demonstration, das vergebliche Sammeln von Unterschriften, ein wirkungsloser Vortrag. In dem Augenblick aber, in dem diese Momente als Ursprünge, als Initialzündungen von neuer Kraft, Energie oder eben neuem Engagement verstanden werden, könnten sie gewichtiger kaum sein. Man kann sie als Wunderkerzen-Momente bezeichnen. Funken, die unberechenbar in die Dunkelheit überspringen. Das sind Momente, die sich später immer wieder zum unwahrscheinlichen Ursprung von etwas Gutem und Wichtigem entpuppten. Von neuen Erkenntnissen, Einsichten, Strategien. Wer genau hinschaut, der erkennt, dass sich überall Wunderkerzen-Momente verbergen, die Menschen inspirieren und Macht erwachsen lassen. Und wer auch nur kurz in sich selbst hineinschaut, erkennt, dass man solche Momente längst schon erlebt hat.

Geschichten gegen die Ohnmacht sind nicht zwangsläufig Geschichten des Gewinnens. Im Gegenteil. Viel öfter sind es Geschichten, in denen es um Verzweiflung geht, um Niederlagen. Ohnmacht wird nicht erst dort überwunden, wo schon alles gewonnen ist, wo Gerechtigkeit eintritt oder radikaler Klimaschutz. Ohnmacht wurde bereits überwunden, um überhaupt in die Nähe dessen zu kommen. Geschichten gegen die Ohnmacht beginnen folglich viel weiter vorne. In der Dunkelheit. Sie beginnen mit der Haltung, mit der die Unverrückbarkeit der Ereignisse bezweifelt wird. Mit der die Wirklichkeit als angeordnet, nicht als zementiert verstanden wird. Geschichten gegen die Ohnmacht handeln von den Momenten, in dem aus dieser Haltung Handlung erwächst. Sie beschreiben die vielen vergeblichen Versuche, die es brauchte, um sich Schritt für Schritt nach vorne zu bewegen.

Menschen setzen sich nicht überall auf der Welt ein,

weil sie wissen, dass das alleine reicht. Sondern weil sie wissen, dass es irgendwer irgendwo anders auch tut. Weil sie wissen, dass jemand auf sie zählt.

Ein halbes Jahr nachdem das *Abendblatt* über das Ende des A380 berichtete, verbringen wir Fridays-for-Future-Aktivist:innen eine Nacht unter freiem Himmel vor dem EU-Parlament in Straßburg. Es ist die Nacht, bevor das Parlament über die sogenannte EU-Taxonomie abstimmt. Eine Taxonomie ordnet ein, ob bestimmte Investitionen nachhaltig sind oder nicht. Die vorgeschlagene Taxonomie würde vorsehen, Erdgas und Atomkraft mit dem Label »nachhaltig« zu versehen und damit den Zugang zu nachhaltigen Finanzportfolios eröffnen. Für diesen Vorschlag hatten Atom- und Erdgaslobbys jahrelang gearbeitet, beide fürchten, im Rahmen der Energiewende an Bedeutung zu verlieren. Nachdem wir neben dem Parlament in Straßburg zweimal von der Polizei weggeschickt wurden, haben wir einen ruhigen Platz auf der anderen Flussseite gegenüber vom Parlament gefunden.

Wie vor einem großen Kampf beäugen wir das Parlament. Der Fluss glitzert, die Lichter der bestrahlten Gebäude rundherum tanzen auf der Wasseroberfläche. Aus Lichterketten und großen Pappen haben wir beleuchtete Protestschilder gebastelt; die haben wir aufgestellt, drumherum sitzen wir zwischen unseren Rucksäcken.

Wir sind über zwanzig Menschen, wir kommen aus ganz Europa, wir alle sind stunden-, manche sind tagelang angereist. Für die Nacht haben wir Schlafsäcke und Schokokekse dabei. Die Tage und Wochen davor haben wir schon protestiert, wir haben endlos viele Video-Statements aufgenommen und ins Internet gestellt, Abgeordnete im Parlament zu Gesprächen getroffen und alles für die Nacht organisiert – Pressemitteilungen, Notunterkünfte, falls es anfängt zu regnen, Informationen über Abgeordnete, die noch unentschlossen sind. Einige der Aktivist:innen, die in dieser Nacht mit uns vor dem Parlament campieren, haben die letzten Monate praktisch nichts anderes gemacht, als sich damit zu beschäftigen, wie dieser Taxonomie-Vorschlag verhindert und eine Mehrheit dagegen im Parlament organisiert werden kann. Nach all den Monaten ist der entscheidende Moment nun bald gekommen. Wir wissen, dass es sehr knapp wird. Eine Mehrheit gegen den Vorschlag, Erdgas und Atomkraft als »nachhaltig« einzustufen, kann es nur mit Unterstützung der konservativen Abgeordneten geben. Die zählen normalerweise nicht zu den engsten Freunden der Klimabewegung. Daher waren wir dazu übergegangen, in den Wochen nicht nur persönlich mit diesen Abgeordneten zu sprechen, sondern ältere Menschen, Bürger:innen, kirchliche Vertreter:innen und Unternehmer:innen aus den Wahlkreisen anzurufen, um sie zu überzeugen, die Abgeordneten anzusprechen und ihren geteilten Werten entsprechend über die Abstimmung zu sprechen.

Auf unsere Müdigkeit nach all der Arbeit zu der anstehenden Abstimmung legt sich eine freudige Nervosität. Wir sind hier, wir sind zusammen, wir kämpfen bis zur letzten Minute. Aktivismus macht einsam, auf die eine oder andere Art und Weise. Das hat etwas mit dem Rahmen zu tun, die meiste Zeit verbringen wir mit digitaler

Arbeit in Zoomräumen und auf sozialen Plattformen, und wenn wir unterwegs sind, dann oft an Orten, wo Menschen uns konfrontieren. Auch diese Momente machen einsam, immer sind wir »gegen« eine gefühlte Mehrheit, die sich so gemütlich einig ist in ihrer Einstellung, die Klimakrise höchstens interessant aber auf gar keinen Fall existenziell zu finden. Die Tendenz, sich einsam zu fühlen, speist sich auch aus der Erkenntnis, dass wir bisher nicht wissen, wie es sich leben lässt, in einer nahenden Dystopie. Was ist ein gutes Leben, eine gute Beziehung, eine gute Karriere? Wie begegnet man der Zukunft? Die Versprechen des besseren Morgens haben seit jeher Gesellschaften angetrieben und Gemeinschaften zusammengehalten, in der Klimakatastrophe geht das nicht mehr auf.

Jetzt aber, vor dem Parlament, in der Glitzernacht, jetzt sind wir zusammen. Jetzt sind wir mutiger als wir es je alleine wären.

Als wir das Abstimmungsergebnis erfahren, sitze ich schon im Zug auf dem Weg nach Berlin. Das Parlament hat trotz aller Argumente, trotz allem Widerstand dafür gestimmt, Erdgas und Atomkraft in die Taxonomie aufzunehmen. Es ist wie im Film, Szenen, mit denen man rückblickend die entscheidenden Zeitpunkte zeigen wird, an denen mit offenen Augen falsch abgebogen wurde. Milliarden an Euro, die für nachhaltige Investitionen angedacht sind, können nun in Erdgasimporte von Putin, neue Gaspipelines oder in die Restaurierung von maroden Atomkraftwerken in Frankreich gehen. Gelder, die so dringend gebraucht werden, um die Erneuerbaren auszubauen, um eine echte Energiewende voranzutreiben, ohne Lock-in-Effekte – also Investitionen, die in fossile Infrastruktur gesteckt werden, die wiederum für die Einhaltung der Klimaziele überhaupt nicht lange genug genutzt werden dürfen, damit sich die Investitionen amortisieren.

Wie eine Lawine rollt sich der Schmerz auf meine Brust, »fuck« schreiben die Aktivist:innen in unsere Chats. Fuck, fuck, fuck. Darunter blaue Emojitränen. Ich male mir aus, wie ich das nächste Mal in einer Diskussion mit der Politik sitze und erklären möchte, dass fossiles Gas nicht grün ist, dass man gerade festgestellt hat, dass Methanemissionen, also die Hauptemissionen, die durch Erdgas produziert werden, bis zu viermal gefährlicher sind, als zuletzt vom Weltklimarat angenommen. Und ich male mir aus, wie man mich dann anguckt, als hätte ich den Verstand verloren, das Parlament hat doch erklärt, dass Erdgas nun nachhaltig ist, ob ich die Demokratie nicht akzeptiere. Noch mehr Tränen, noch mehr Trauer. Um unsere Arbeit, die Energie, die ganzen Aktionen. Um die enttäuschte Hoffnung.

2010 schreibt Hermann Scheer im *Energethischen Imperativ*: »Immerhin: Inzwischen wird allseits anerkannt, dass die Zukunft der Energieversorgung in den erneuerbaren Energien liegen muss. Die vielfältigen Gefahren und Grenzen der Förderung und Produktion fossiler und atomarer Energien sind unübersehbar geworden.«

Zwölf Jahre und einen fossilen Angriffskrieg auf dem europäischen Kontinent später stimmt das Parlament einer der größten und reichsten Demokratien der Welt für die weitere Verlängerung der fossilen Energien.

Ich fühle mich miserabel. Auch weil ich weiß, wie groß die Enttäuschung sein wird, wie viele Menschen nun meinen werden, dass sich der Aktivismus doch ohnehin nicht lohnt.

Am Abend der Taxonomie-Entscheidung ruft meine Großmutter an. Ich kann nicht anders, als mich in diesem Augenblick zu fragen, was wohl wäre, wenn die Kämpfe der Umweltgruppen vor uns erfolgreicher gewesen wären. Wenn man sich erfolgreicher durchgesetzt hätte gegen die Fossilität.

»Hätten wir nicht alles gemacht, ständen wir ganz woanders. Und es waren auch die vielen Umweltgruppen, die junge Menschen sensibilisierten, die später zu Fridays for Future gingen«, entgegnet meine Großmutter.

Es ist verlockend, sich der Ohnmacht hinzugeben, denke ich, als ich mit ihr spreche. Je größer die Krisen, desto verlockender wird es. Und genau dann gilt es, den Blick von der Ohnmacht weg und auf die Wirklichkeit zu richten. Dort, wo Menschen überall ganz andere Geschichten schreiben. Wer wären wir, jetzt zu sagen: »Ich mach doch eh keinen Unterschied.« Wir, die so viele Errungenschaften genießen, für die Menschen vor uns über lange Zeit gekämpft haben. Das Wahlrecht, die Wochenenden, die Gleichberechtigung, das wurde alles gegen Widerstände erkämpft. Das alles wurde erst möglich, weil Menschen akzeptiert haben, dass es auf sie ankommt. Dass es sich lohnen wird.

Der große, entscheidende Unterschied zu vergangenen Kämpfen ist der: Heute fehlt uns die Zeit. Wir werden nicht weiter jahrzehntelang für einzelne Erfolge kämpfen können. Das ist kein Grund aufzugeben. Im Gegenteil: Das ist alles, was wir wissen müssen. Irgendwo legt schon jemand los, in genau diesem Augenblick. Irgendwer greift gerade zum Telefonhörer, zum Demoschild, fängt an zu mailen, sich zu vernetzen oder zu organisieren. Irgendwo baut gerade jemand ein Baumhaus in einem durch Rodung gefährdeten Wald. Nicht, weil dieses eine Baumhaus den Unterschied machen wird. Sondern weil das Baumhaus nicht alleine bleiben wird, weil überall auf der Welt andere Menschen ihren Teil zum Schutz der Lebensgrundlagen beitragen werden.

»Wir haben uns einer Sache verschrieben, Luisa, in der wir immer wieder verlieren werden. Aber wir dürfen unsere Hoffnung nicht auf einzelne Kämpfe verschwenden. Oder an einzelne Regierungen oder einen guten Politiker. Die Hoffnung liegt in uns, denjenigen, die weitermachen. Es ist an uns, jetzt zu entscheiden, nicht länger so zu tun, als wäre alles nur halb so wild. Sondern zu handeln, als ginge es um alles. Denn das tut es.«

Dank

Wir danken dem Tropen Verlag für die wunderbare Unterstützung, unserem Verleger Tom Müller und unserem Lektor Alexander Krützfeldt für die vielen Stunden an inhaltlicher und textlicher Begleitung, Katrin Kroll für die Betreuung, und allen weiteren für das Möglichmachen dieses Projektes. Wir danken dem NS-Dokumentationszentrum Zwangsarbeit und Karl Heinz Roth für ihre Unterstützung in der historischen Aufarbeitung. Wir danken unseren Familien für ihre Gedanken und Energie.

Darüber hinaus danken wir in großer Verbundenheit den vielen weiteren Menschen, die in den letzten Jahren mit uns über unser Buch diskutiert haben, die mit Ideen, Kreativität und Kritik den Weg beleuchtet haben. Ohne euch wäre dieses Vorhaben nicht möglich gewesen. Und natürlich danken wir allen, an deren Seite wir gemeinsam kämpfen, seit einigen oder vielen Jahren. Es ist ein großes Privileg, sich von so vielen und so wunderbaren Menschen umgeben zu wissen.

Genese

Dieses Buch konnte es nur geben, weil wir schon mal zusammen Vogelhäuschen gebaut haben. Wir kannten den Modus, in dem man einfach mal loslegt, und guckt was passiert. Hätten wir noch viel länger über dieses Buch und das, was wir uns damit vornehmen, nachgedacht, und wie realistisch das alles ist in der kurzen Zeit – wer weiß, ob wir jemals damit angefangen hätten. Aber weil die Sache mit dem Vogelhäuschen letztendlich klappte, würde die Sache mit dem Buch wohl auch klappen.

Nachdem wir nun dieses Buch zu Ende geschrieben haben, verstehen wir, warum es so wenige gemeinsame Bücher von Großmüttern und Enkelkindern gibt: Es ist ein Heidenaufwand. Und es ist ein unberechenbares Vorhaben. Unzählige Tage saßen wir zusammen und haben Thema für Thema durchdiskutiert, manchmal mit einer Moderation, manchmal ohne. Videokassetten diverser Jahrzehnte wurden angeguckt, zahllose Fotoalben auch. Der Mailverlauf meiner Großmutter reicht für ein eigenes Buch, und wohl auch die vielen Dokumente über ihren Aktivismus, Flyer und Zeitungsartikel aus über drei Jahrzehnten. Über Whatsapp schickte meine Großmutter mir immer wieder Gedanken und Fotos von Dokumenten, über die sie stolperte. Zwischendrin begegneten wir uns am Telefon, in Mails, auf der Küchenbank und im Garten. Parallel meldeten sich Freund:innen meiner Großmutter mit Themenwünsche, grätsche die aktuelle Politik dazwischen, die Bewegungsarbeit oder die Pandemie. Keine leichte Zeit, um *Gegen die Ohnmacht* zu schreiben, stellten wir fest.

Der historische Teil des Buches war ein eigenes Projekt. Es ist nicht einfach, über die eigene Familie zu schreiben. Lange rangen wir inmitten von Büchern und Briefen mit dem Versuch, die verschiedenen Perspektiven so ehrlich und wahrhaftig wie möglich sichtbar zu machen. Das wäre alles nicht möglich gewesen ohne endlos viele Portionen roter Grütze und Vanilleeis und viele, viele lange Gespräche mit Freund:innen und Verwandten.

Wie letztendlich alles zusammenkommen würde, wussten wir erst, als das Buch beinahe zu Ende geschrieben war. Dann fiel alles an seine Stelle. Keine Sekunde davor (zum Leiden des Lekorates). Auf einmal, nach all dem Wuseln und Ringen, Suchen und Streiten, nach endloser Lektüre von Dokumenten aus fast neunzig Jahren, ergab alles einen Sinn. Auf einmal.

Literaturverzeichnis

A380 verabschiedet sich mit Tiefflugmanöver von Hamburg (o. V.). In: NDR 90,3, 16. Dezember 2021. Abrufbar unter: https://www.ndr.de/nachrichten/hamburg/A380-verabschiedet-sich-mit-Tiefflugmanoever-von-Hamburg,airbus1826.html, letzter Zugriff: 1. August 2022.

Aldrich, Daniel P., Michelle A. Meyer: Social Capital and Community Resilience. Thousand Oaks, Kalifornien, Vereinigte Staaten: SAGE Publications 2007. Abrufbar unter: https://doi.org/10.1177/0002764214550299, letzter Zugriff: 1. August 2022.

Alt, Franz: Die Sonne schickt uns keine Rechnung. Neue Energie, neue Arbeit, neue Mobilität. München: Piper, [5]2009.

Arendt, Hannah: Was heißt persönliche Verantwortung in einer Diktatur. München: Piper 2018.

Arolsen Archives – International Center on Nazi Persecution (o. V.): Häftlinge des Konzentrationslagers Stutthof. Zygmunt Boboli. Abrufbar unter: https://arolsen-archives.org/stories/stolen-memory-stutthof/#chapter-9, letzter Zugriff: 1. August 2022.

Austria Presse Agentur: CO_2-Fußabdruck der Superreichen ist 30 Mal höher als verträglich. In: Tiroler Tageszeitung, 5. November 2021. Abrufbar unter: https://www.tt.com/artikel/30805280/co2-fussabdruck-der-superreichen-ist-30-mal-hoeher-als-vertraeglich, letzter Zugriff: 1. August 2022.

Autobahn Online (o. V.): Längenentwicklung der Bundesautobahnen. Abrufbar unter: https://www.autobahn-online.de/laengen.html, letzter Zugriff: 1. August 2022.

Autobauer können aufatmen (o. V.). In: manager magazin, 7. Februar 2007. Abrufbar unter: https://www.manager-magazin.de/unternehmen/artikel/a-464896.html, letzter Zugriff: 1. August 2022.

Bay, Lukas: Hamburg zittert um seine Millionen-Investitionen. In: SPIEGEL Wirtschaft, 4. Oktober 2006. Abrufbar unter: https://www.spiegel.de/wirtschaft/a380-krise-hamburg-zittert-um-seine-millionen-investitionen-a-440648.html, letzter Zugriff: 1. August 2022.

Bergau, Martin: Todesmarsch zur Bernsteinküste. Das Massaker an Juden im ostpreußischen Palmnicken im Januar 1945. Zeitzeugen erinnern sich. Heidelberg: Universitätsverlag Winter 2006.

Bode, Sabine: Kriegsenkel. Die Erben der vergessenen Generation. Stuttgart: Klett-Cotta 2013.

Burg, Claudia, Rainer Grießhammer: Wen macht die Banane krumm. Kolonialwarengeschichten. Reinbek bei Hamburg: rororo/Rowohlt Taschenbuch 1993.

Dönhoff, Marion Gräfin: Zivilisiert den Kapitalismus. Grenzen der Freiheit. Stuttgart: Deutsche Verlags-Anstalt 1997.

Fink, Michael: Soziale Sicherung im Spannungsfeld gesellschaftlicher Transformation. Eine partizipative Studie in Küstendörfern der Fidschi-Inseln. Göttingen: Universitätsverlag Göttingen 2016.

Friedländer, Saul, Jan Philipp Reemtsma: Gebt der Erinnerung Namen. München: C.H.Beck 1998.

Fromm, Erich: Haben oder Sein. Die seelischen Grundlagen einer neuen Gesellschaft. München: Deutscher Taschenbuch-Verlag 1980.

Graßl, Hartmut, Reiner Klingholz: Wir Klimamacher. Auswege aus dem globalen Treibhaus. Frankfurt am Main: S. Fischer 1990.

Göpel, Maja: Unsere Welt neu denken. Eine Einladung. Berlin: Ullstein 2020.

Habekuß, Fritz, Dirk Steffens: Über Leben. Zukunftsfrage Artensterben: Wie wir die Ökokrise überwinden. München: Penguin 2020.

Herrmann, Ulrike: Deutschland, ein Wirtschaftsmärchen. Warum es kein Wunder ist, dass wir reich geworden sind. Frankfurt am Main: Westend 2019.

Hesse, Hermann: Bäume. Betrachtungen und Gedichte. Mit Fotografien von Imme Techentin. Frankfurt am Main: Insel 1984.

Hessel, Stéphane: Empört euch! Berlin: Ullstein 2011.

International Air Transport Association (o. V.): Tax Exemption on Jet Fuel. International exemption must be maintained on jet fuel used in international travel. Abrufbar unter: https://www.iata.org/conte

ntassets/4eae6e82b7b948b58370eb6413bd8d88/iata-position---tax-exemption-on-jet-fuel.pdf, letzter Zugriff: 1. August 2022.
Jeffcoat, Rosalind: STRICTLY EMBARGOED – 05:00AM UK TIME (BST) WEDNESDAY 09 SEPTEMBER Over one billion people at threat of being displaced by 2050 due to environmental change. Institute for Economics & Peace, 8. September 2020. Abrufbar unter: https://policycommons.net/artifacts/2277199/strictly-embargoed/3037174/, CID: 20 500.12 592/5ncgzc, letzter Zugriff: 1. August 2022.
Kästner, Erich: Die 13 Monate. Mit 13 Graphiken von Celestino Piatti. München: dtv 2007.
Korge, Johannes: Söder will Fracking in Deutschland »ergebnisoffen prüfen«. In: SPIEGEL Wirtschaft, 10. April 2022. Abrufbar unter: https://www.spiegel.de/wirtschaft/soeder-will-fracking-in-deutschland-ergebnisoffen-pruefen-a-0f67693c-e398-453e-b360-fcd944e29ad7, letzter Zugriff: 1. August 2022.
Liesching, Bernhard: »Eine neue Zeit beginnt«. Einblicke in die Propstei Altona 1933 bis 1945. Hamburg: Kirchenkreis Altona 2002.
Linden, Eugene: Climate Change Became Politicized in the 1990 s. It Didn't Have To Be That Way. In: TIME, 22. April 2022. Abrufbar unter: https://time.com/6169294/climate-change-politicized-in-1990 s/, letzter Zugriff: 1. August 2022.
Louis, Édouard: Die Freiheit einer Frau. Frankfurt am Main: S. Fischer 2021.
Mathbor, Golam M.: Enhancement of community preparedness for natural disasters: The role of social work in building social capital for sustainable disaster relief and management. Thousand Oaks, Kalifornien, Vereinigte Staaten: SAGE Publications 2007. Abrufbar unter: https://doi.org/10.1177/0020872807076049, letzter Zugriff: 1. August 2022.
Meadows, Dennis und Donella, Jørgen Randers: Die neuen Grenzen des Wachstums. München: Deutsche Verlags-Anstalt 1992.
Nodjimbadem, Katie: The Racial Segregation of American Cities Was Anything but Accidental. In: Smithsonian Magazine, 30. Mai 2017. Abrufbar unter: https://www.smithsonianmag.com/history/how-federal-government-intentionally-racially-segregated-american-cities-180963494/, letzter Zugriff: 1. August 2022.
Padilla, Lissette: How The Media Invented Designated Driving. In:

Seeker, 15. April 2015. Abrufbar unter: https://www.seeker.com/how-the-media-invented-designated-driving-1501495271.html, letzter Zugriff: 1. August 2022.

Plumer, Brad, Nadja Popovich: How Decades of Racist Housing Policy Left Neighborhoods Sweltering. In: The New York Times, 24. August 2020. Abrufbar unter: https://www.nytimes.com/interactive/2020/08/24/climate/racism-redlining-cities-global-warming.html, letzter Zugriff: 1. August 2022.

Rainforest Rescue (o. V.): 2021: World loses 11.1 million hectares of tropical forest, 4. Mai 2022. Abrufbar unter: https://www.rainforest-rescue.org/updates/10766/2021-world-loses-11-1-million-hectares-of-tropical-forest, letzter Zugriff: 1. August 2022.

Sánchez, Erica, Daniele Selby, Carmen Singer: 26 Milliardäre besitzen so viel wie die ärmsten 50 Prozent der Bevölkerung. Oxfam fordert höhere Investitionen in Bildung, Gesundheit und Geschlechtergleichheit. In: Global Citizen, 22. Januar 2019. Abrufbar unter: https://www.globalcitizen.org/de/content/oxfam-report-billionaires-inequality/, letzter Zugriff: 1. August 2022.

Schami, Rafik: Gegen die Gleichgültigkeit. Essay. Berlin: Schiler & Mücke 2021.

Schätzing, Frank: Was, wenn wir einfach die Welt retten? Handeln in der Klimakrise. Köln: Kiepenheuer & Witsch 2021.

Schirach, Ferdinand von: Jeder Mensch. München: Luchterhand 2021.

Schumacher, Ernst Friedrich: Small is Beautiful. Die Rückkehr zum menschlichen Maß. Karlsruhe: C. F. Müller 1995.

Scranton, Roy: Learning to Die in the Anthropocene. Reflections on the End of a Civilization. San Francisco: City Lights Books 2015.

Solnit, Rebecca: Hope in the Dark. Untold Histories, Wild Possibilities. Edinburgh: Canongate Books 2016.

Srinivasan, Amia: Das Recht auf Sex. Feminismus im 21. Jahrhundert. Stuttgart: Klett-Cotta 2022.

Stockholm Resilience Center (o. V.): The nine planetary boundaries. Abrufbar unter: https://www.stockholmresilience.org/research/planetary-boundaries/the-nine-planetary-boundaries.html, letzter Zugriff: 1. August 2022.

United Nations (o. V.): UN Report: Nature's Dangerous Decline ›Unprecedented‹; Species Extinction Rates ›Accelerating‹, 6. Mai 2019. Abrufbar unter: https://www.un.org/sustainabledevelopment/blog/2019/05/nature-decline-unprecedented-report/#:~:text=The%20Report%20finds%20that%20around,20%25%2C%20mostly%20since%201900, letzter Zugriff: 1. August 2022.

United Nations environment programme (o. V.): Our planet is choling on plastic. Abrufbar unter: https://www.unep.org/interactives/beat-plastic-pollution/#:~:text=While%20plastic%20has%20many%20valuable,are%20used%20worldwide%20every%20year, letzter Zugriff: 1. August 2022.

Unterberg, Swantje: Mehrheit der 14- bis 24-Jährigen macht sich Sorgen um die Zukunft. In: SPIEGEL Panorama, 5. April 2022. Abrufbar unter: https://www.spiegel.de/panorama/bildung/jugendstudie-vodafone-stiftung-14-bis-24-jaehrige-machen-sich-sorgen-um-die-zukunft-a-db62f882-2092-431c-92af-69ca2d6a02d3, letzter Zugriff: 1. August 2022.

Welzer, Harald u. a.: »Opa war kein Nazi«. Nationalsozialismus und Holocaust im Familiengedächtnis. Frankfurt am Main: S. Fischer 2002.

Wiegandt, Klaus (Hg.): 3 Grad mehr. Ein Blick in die drohende Heißzeit und wie uns die Natur helfen kann, sie zu verhindern. München: Oekom 2022.

Wohlleben, Peter: Das geheime Leben der Bäume. Was sie fühlen, wie sie kommunizieren – die Entdeckung einer verborgenen Welt. München: Heyne 2019.

Yahil, Leni: The Holocaust. The Fate of European Jewry, 1932–1945. New York/Oxford: Oxford University Press 1991.

Ziegler, Jean: Wir lassen sie verhungern. Die Massenvernichtung in der Dritten Welt. München: C. Bertelsmann 2011.